JN451463

SPSS를 활용한 초급 통계분석

백창환

KNOWLEDGE COMMUNITY 공동체

머리말

조사 통계 패키지 SPSS(Statistical Package for the Social Sciences)는 광범위한 테이터 입력, 관리 및 조사분석을 목적으로 만들어진 프로그램으로서 사회과학 분야의 자료분석에 가장 많이 사용되는 패키지이다.

이 책은 연구방법론이나 사회과학 방법론을 공부하는 학부생이나 대학원생들의 통계분석의 기초를 만들어 주고, 통계를 활용하는 방법을 다양하게 적용하도록 할 것이다. 대부분의 독자들은 이 책을 통해서 통계를 배움으로써 연구결과와 평가 보고서를 더 잘 이해할 수 있고, 보고서에 제시된 증거들을 그들의 실천을 위한 잠재적 지침으로 채택할 수 있을 것이다.

모든 학습은 암기가 아니라 이해를 하여야 한다. 그러나 한글 SPSS 29.0을 이용한 데이터분석은 이해도 아니고 암기도 아닌, 정확하고 쉬운 실습에 초점을 맞추어야 한다. 즉, 이 책에서 제시하는 단계별 프로세스에 따라서 하기만 하면 쉽게 SPSS을 이용한 데이터분석을 할 수 있다. 독자들이 이 책을 통해 SPSS 기초 통계분석에 입문하여 조사분석에 흥미를 갖는 데 도움이 되었으면 합니다.

일러두기

SPSS 체험판 무료 다운로드 방법

(https://www.ibm.com/kr-ko/spss)

손쉽게 사용할 수 있는 SPSS 통계 프로그램

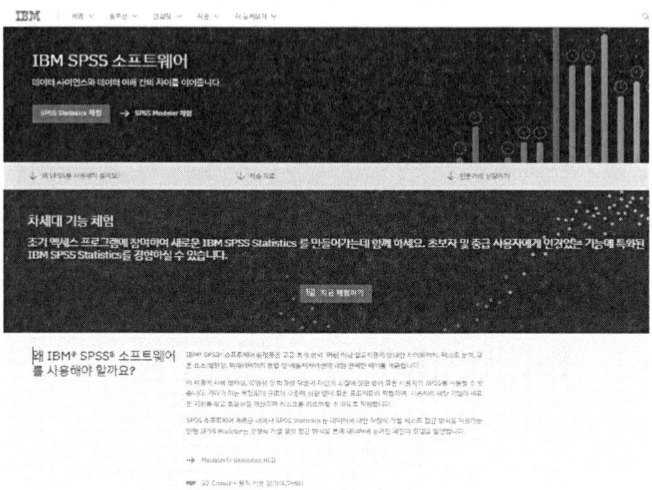

조사 내용을 분석하는 통계 프로그램에는 여러 가지가 있습니다. SPSS, SAS, MINITAB, EXCEL, QUATTRO 등이 그것입니다. 여기에서는 사회과학 분야에서 주로 사용하는 SPSS(Statistical Package for Social Science)에 대해서만 간단하게 소개할까 합니다.

SPSS는 원래 메인프레임 컴퓨터용으로 개발되었습니다. 1958년 미국 시카고 대학의 국민 여론연구소(National Opinion Research Center)에 근무하던 당시 정치학 박사 과정의 노먼 니가 동료 헐과 벤트 등의 도움을 받아 SPSS의 기본

시스템을 개발하였습니다. 그 후 SPSS는 미국 내 대학과 연구기관을 중심으로 빠르게 보급되었습니다. 최근까지 SPSS의 기능은 해마다 버전 업이 되어, 최근까지는 SPSS 29.0까지 나와 있습니다.

이 책에서는 한글 SPSS 29.0 체험판을 기준으로 설명하려고 합니다.

SPSS 프로그램을 운 좋게 구하려면...

지속적인 시장조사가 필요한 회사의 마케팅 담당자나 정당 실무자 및 정치 활동을 하는 분들이라면 SPSS 정품 프로그램을 구입하시는 게 좋습니다. 당장은 가격이 부담스러울지 몰라도 장기적으로 봤을 때 여론조사 기관에 의뢰하는 것보다는 회사에서 직접 실시하시는 것이 훨씬 더 경제적일 수 있을 테니까요.

비싼 가격으로 인해 구입이 부담스러우신 대학생과 대학원생들은 다음과 같은 방법으로 해결하는 것도 괜찮을 듯싶습니다.

우선 학교 전산실로 달려가 보세요. 웬만한 대학교에서는 기관 라이센스용으로 SPSS 프로그램을 구입해 놓고 있습니다. 만약에 학교 전산실에 이 프로그램이 없다면 네이버 검색엔진을 사용하여 체험판 IBM SPSS 프로그램(https://www.ibm.com/kr-ko/spss)이 있는지 확인해 보세요. 체험판이라 사용기간이 30일 제한되는 것은 당연하겠지요?

일러두기

예제 데이터와 설문지 다운로드 방법

먼저 이 책을 읽기 전에 한국복지패널(https://www.koweps.re.kr) 회원가입 후 [데이터]&[설문지] 자료실에서 8차 웨이브 〈데이터〉와 〈설문지〉를 다운 받으시기 바랍니다. 〈데이터〉와 〈설문지〉는 책의 주요 실전 예제로 사용되오니 빠짐없이 다운 받으시기 바랍니다. 설문지와 데이터에 문의 사항이 있으시면, 이메일(백창환 교수/airbonebaek@hanmail.net)로 문의 바랍니다.

다운 받을 때 여러분들의 컴퓨터 하드 디스크에 'C :₩사회복지'의 임의 폴더를 만들어 저장하십시오. 책에서 설명할 때 데이터가 'C :₩사회복지' 폴더에 있는 것으로 간주하고 설명하기 때문입니다.

	파일 이름
1	Koweps_wc08_2013_beta10.sav
2	(유형5) 8차조사표-복지인식부가조사용

Contents

차 례

CHAPTER 02 데이터 파일 손쉽게 따라 만들기

둘째마당

CHAPTER 03 SPSS로 기초 통계분석 배우기

Contents

첫째마당

01 CHAPTER SPSS 기초 배우기

조사 연구 분석도구인 SPSS를 사용하는 방법을 배워봅시다. 여기에서 언급하는 주요 기능만 이해한다면 기초적인 통계는 해낼 수 있습니다. IBM SPSS 프로그램을 구하지 못한 분들은 체험판을 빨리 다운 받아서 설치하세요. 여기서부터는 컴퓨터 앞에 앉아 무작정 따라하면서 배워야 머리에 쑥쑥 들어오니까요.

01-1 SPSS 체험판 설치하기

1. IBM 홈페이지(**https://www.ibm.com/kr-ko/spss**)에 접속해서 [SPSS Statistics 체험]을 눌러주세요. 자! 이제부터 천천히 IBM SPSS 체험판을 설치합니다. 시작합니다.

IBM SPSS 체험판 전체 화면

2. 무료 체험판을 다운받기 위해서는 계정을 만들어야 합니다. 아이디는 메일주소로 등록해야 하며, 비밀번호는 최소 8자, 소문자, 대문자, 숫자를 포함하여 만들어야 합니다. 국가와 지방은 거주지(예 대구광역시)를 입력하시면 됩니다. 〈다음〉을 눌러주세요.

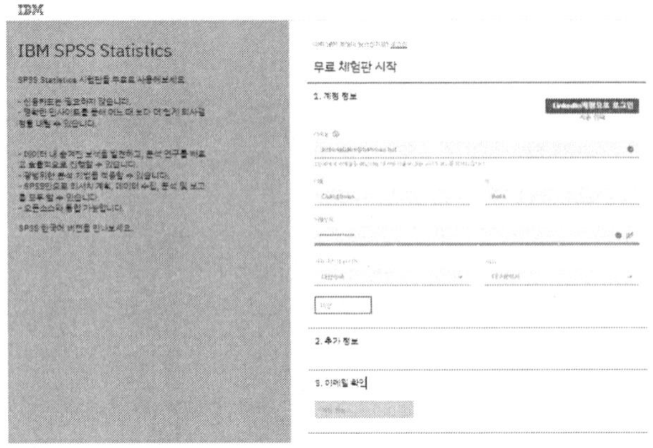

IBM SPSS 체험판 계정 만들기

3. 아이디, 비밀번호, 기본 정보를 입력했다면, 다음은 추가 정보를 입력합니다. 각자 상황에 맞는 추가 정보를 입력하시면 됩니다.

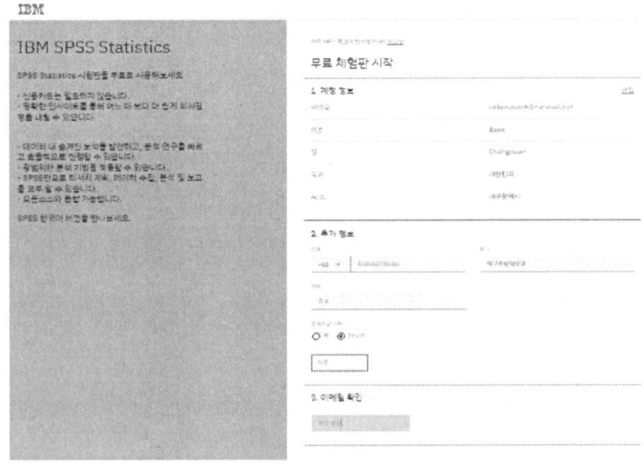

IBM SPSS 체험판 추가 정보 등록하기

4. 등록했던 이메일로 온 인증번호를 입력합니다. 다음은 〈계정 생성〉을 눌러주세요.

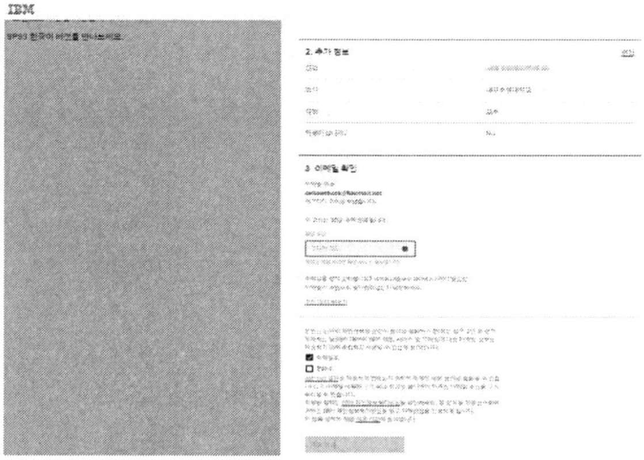

IBM SPSS 체험판 이메일 인증하기

5. IBM ID 계정 정보 대화상자가 나타납니다. 대화상자의 내용을 읽어보고 〈계속〉을 눌러줍니다.

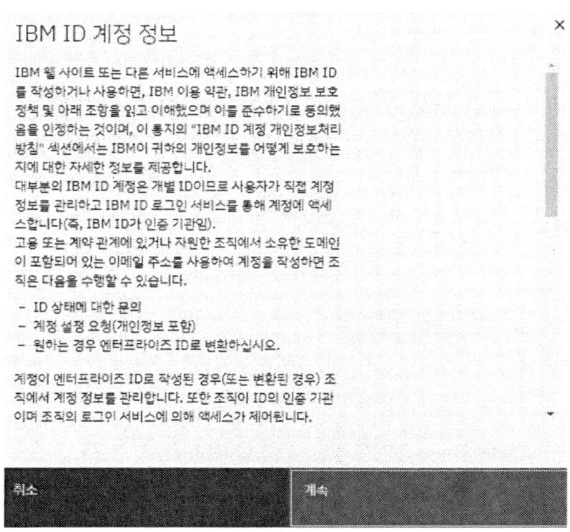

IBM ID 계정 정보

6. "MY IBM"의 제품 및 서비스 페이지가 나타납니다. 체험판 〈다운로드〉 버튼을 클릭하면, 다운로드 대화상자가 열립니다.

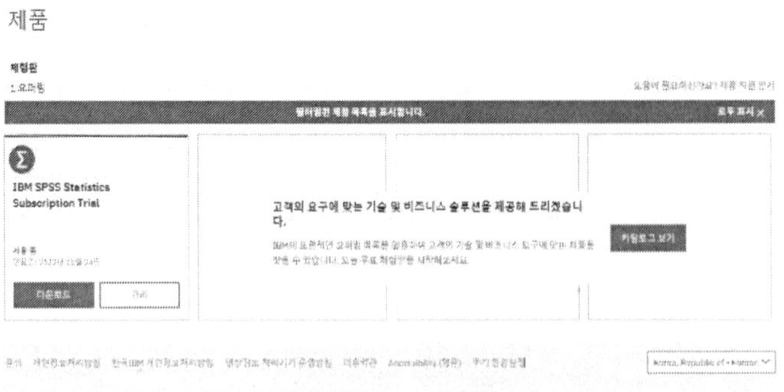

IBM SPSS 제품 다운로드 선택

7. 다운로드 대화상자에서 〈Windows 64-bit용〉 다운로드 버튼을 눌러줍니다.

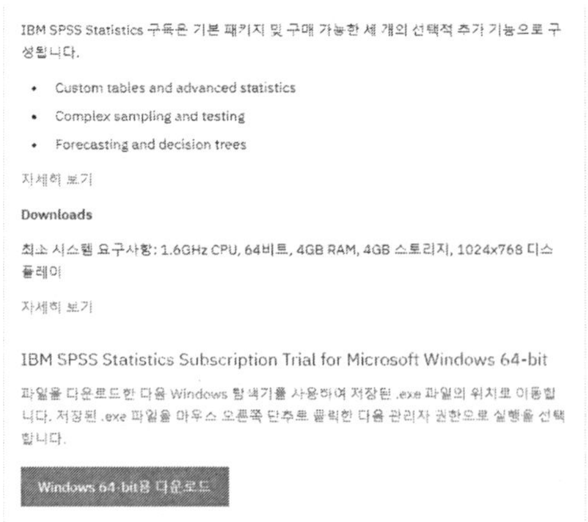

IBM SPSS 다운로드

8. 저장할 폴더를 정하고 〈저장하기〉를 눌러줍니다. 폴더에 IBM SPSS 체험판이 다운로드 됩니다.

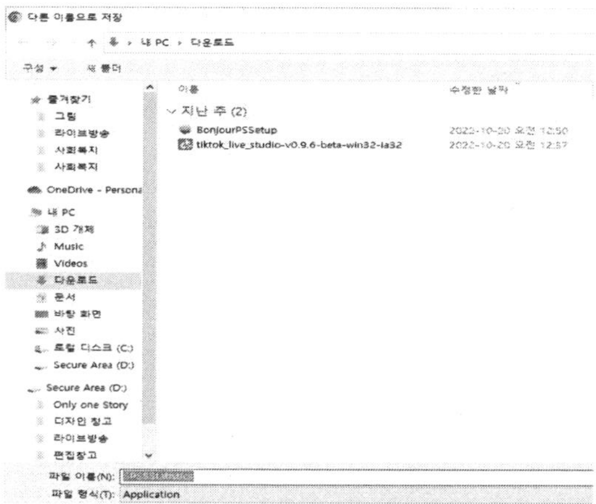

IBM SPSS 다운로드 폴더

9. 다운로드 된 폴더에서 IBM SPSS 체험판 실행파일을 눌러줍니다. 설치 대화상자 순서에 따라 클릭하면 〈프로그램 설치 준비 완료 대화상자〉가 나타납니다. 마지막으로 〈설치〉 버튼을 눌러주면 IBM SPSS 체험판이 설치됩니다.

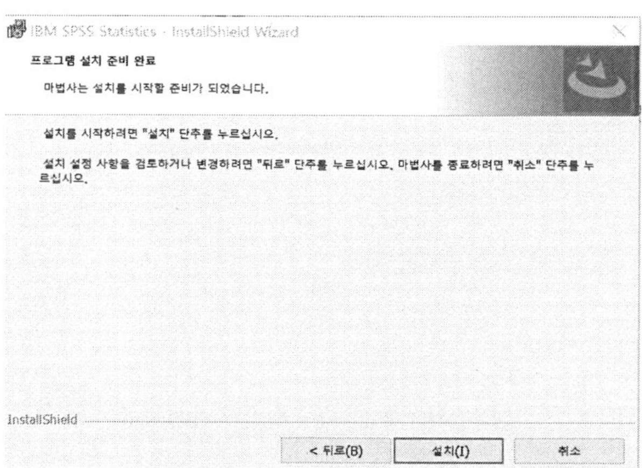

IBM SPSS 체험판 프로그램 설치 준비 대화상자

10. 최종적으로 설치 준비 완료 대화상자 〈마침〉을 눌러주면, IBM SPSS 체험판이 설치되었습니다.

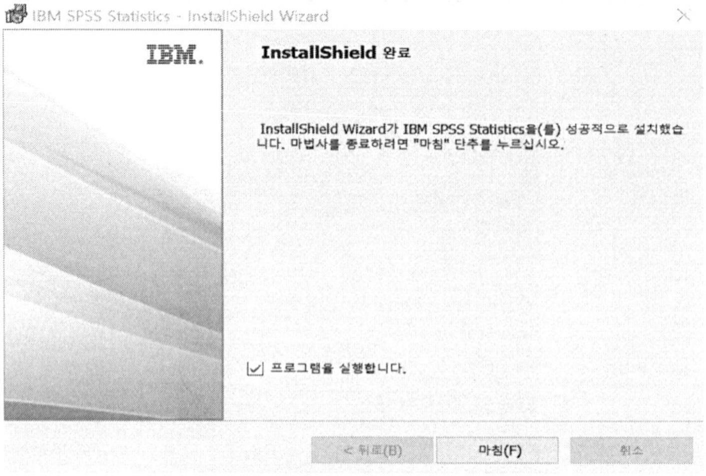

IBM SPSS 체험판 마지막 설치 준비 대화상자

11. IBM SPSS Statistics 활성화 대화상자에서 〈IBM ID로 로그인〉 버튼을 눌러줍니다. IBM SPSS Statistics 체험판 계정정보에서 입력한 이메일과 비밀번호를 입력하고, 메일로 2단계 인증하면, IBM SPSS Statistics이 실행됩니다.

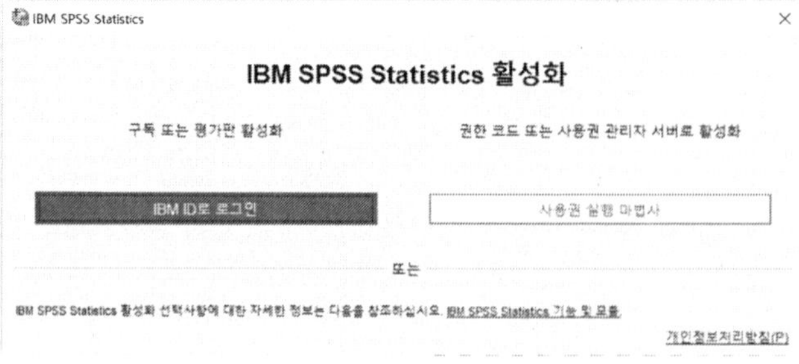

IBM SPSS Statistics 활성화 대화상자

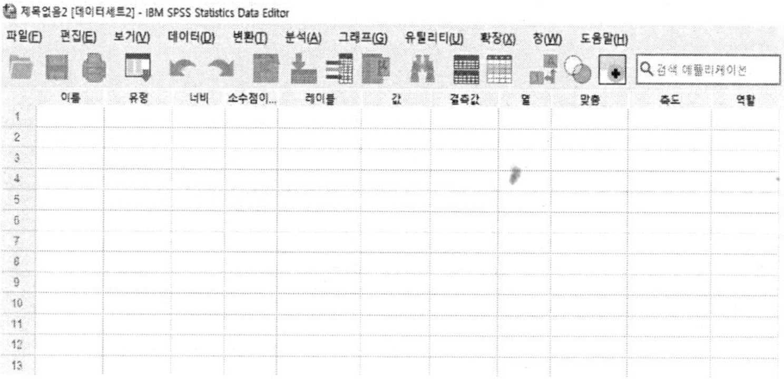

IBM SPSS Statistics 통계분석 대화상자

01-2 SPSS 프로그램 이해하기

SPSS 체험판 29.0 시작하기

컴퓨터를 배우는 가장 좋은 학습법은 무수한 시행착오를 거듭하여 스스로 깨우치는 것입니다. SPSS의 주요 기능을 익히는 과정도 이와 마찬가지입니다. 조사 담당자가 시행착오를 거듭하면 할수록 그 기능을 빨리 익힐 수 있습니다. 지금부터는 한글 SPSS 29.0을 사용할 때 주로 쓰이는 대화상자와 한글 SPSS 메뉴에 대해서 개괄적으로 설명하겠습니다.

1. 윈도우 바탕화면에 있는 체험판 [IBM SPSS Statistics] 아이콘을 눌러줍니다. 한글 SPSS 29.0이 실행됩니다.

윈도우 바탕화면

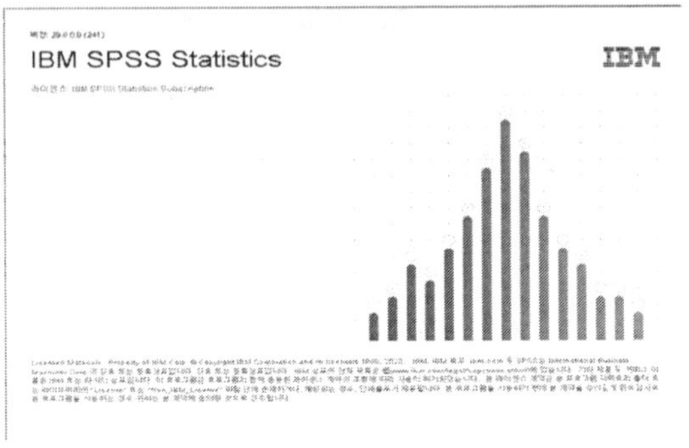

SPSS 29.0 초기화면

2. 그럼 다음과 같은 **〈제목 없음1 [데이터세트0]〉** 편집기가 나타납니다. 이 창이 나타나면 한글 SPSS가 정상적으로 작동한다는 것을 의미합니다.

제목없음1 [데이트세트0] 편집기

SPSS는 어떤 기능이 있는가?

11가지 메뉴 이용하기

SPSS 데이터 편집기 상단을 보면 메뉴가 나와 있습니다. 여러분이 이 메뉴를 이용하여 SPSS를 실행시킬 수 있습니다. 어떤 기능들인지 메뉴 표시줄에 있는 11가지 메뉴를 간단히 훑어보겠습니다. 각각의 메뉴를 마우스로 클릭하면 〈하위메뉴〉가 펼쳐집니다.

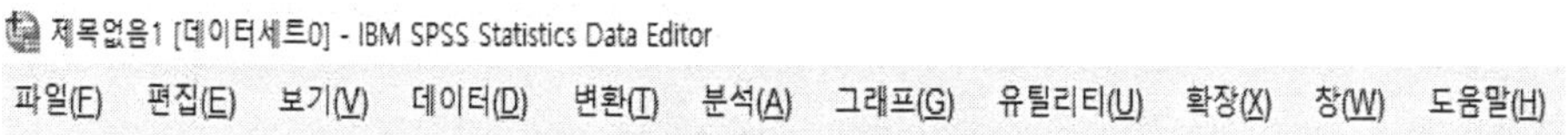

제목없음1 [데이트세트0] 편집기의 메뉴 표시줄

- 파일(File)
  저장된 데이터나 다른 프로그램에서 작성된 스프레드시트나 데이터베이스 파일을 불러올 수 있습니다. 그리고 그 자리에서 데이터를 작성하여 저장하고 데이터의 결과를 프린트할 수도 있습니다.
- 편집(Edit)
  분석 결과의 내용을 수정, 복사, 삭제할 수 있고, 편집의 기본 옵션을 변경할 수도 있습니다.
- 보기(View)
  편집 대화상자의 모양을 사용자 편의에 따라 다르게 설정할 수 있습니다.
- 데이터(Data)
  데이터 파일을 전체적으로 수정하거나 부분적인 수정을 할 때 사용합니다.
- 변환(Transform)
  데이터 파일의 변수를 조사 목적에 맞게 변환하여 새로운 변수값으로 만들 때 사용합니다.
- 분석(Analyze)
  조사 목적에 맞는 각종 통계분석 기법을 사용할 때 쓰이는 메뉴입니다.
- 그래프(Graphs)
  각종 조사분석의 결과를 시각적(바, 차트, 파이차트, 히스토그램 등)으로 처리하기 위해서 사용되는 메뉴입니다.
- 유틸리티(Utilities)
  데이터의 각종 변수들을 확인하고 검증하는 정보 확인 메뉴입니다.

- 확장(Extension)
  확장허브를 통하여 원하는 확장 패키지를 설치하거나 업데이트하는 메뉴입니다.
- 창(Windows)
  여러 가지의 대화상자의 배열, 속성을 결정하는 데 사용합니다.
- 도움말(Help)
  각종 메뉴에 대한 도움말이 문자와 그림으로 설명되어 있는 도움말 메뉴입니다.

SPSS 도구상자 이해하기

메뉴 표시줄에 바로 아래 도구상자(Toolbar)가 나옵니다. 도구상자에서 나온 아이콘들은 메뉴에서 자주 쓰는 기능들을 따로 뽑아 사용하기 편리하게 모아 놓은 것입니다. 도구상자를 이용하면 훨씬 시간을 절약할 수 있습니다. 각 도구의 기능을 알아봅시다.

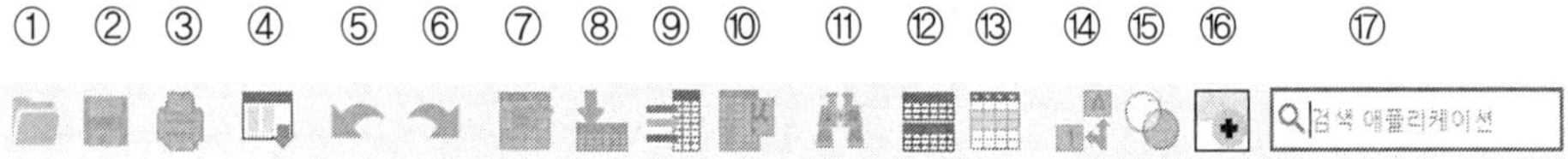

SPSS 제목없음1 [데이트세트0] 편집기 도구상자 메뉴

① 데이터 문서 열기 : 이미 작성된 데이터를 불러올 때 사용합니다.
② 저장 : 작업한 데이터 내용을 저장할 때나 다른 이름으로 저장할 때 사용합니다.
③ 인쇄 : 데이터 내용이나 출력결과를 인쇄할 수 있습니다.
④ 대화상자 다시 불러오기 : 최근 대화상자에서 작업했던 통계 분석의 내용을 기억하여 실행합니다.
⑤ 복구 : 만약 실수로 데이터를 지웠다면 바로 이 도구를 클릭하세요. 지운 데이터가 되살아납니다.
⑥ 재실행 : 방금 실행한 내용을 다시 실행합니다.
⑦ 케이스로 이동 : 데이터 편집기 창에서 원하는 사례수로 이동할 수 있습니다.
⑧ 변수로 이동 : 데이터 편집기 창에서 원하는 변수로 이동할 수 있습니다.
⑨ 변수 : 현재 작업중인 변수들의 변수명과 변수값에 대한 정보를 알려줍니다.
⑩ 기술통계량 실행 : 간략한 기술통계량(최빈값, 범위, 최소, 최대값)을 분석합니다.
⑪ 찾기 : 원하는 데이터를 찾을 때 사용합니다.

⑫ 파일 분할 : 조사 담당자가 지정하는 조건에 따라 데이터를 분리합니다.

⑬ 케이스 선택 : 각 케이스의 조건을 설정합니다. 원하는 조건식에 맞는 데이터를 만들 수 있습니다.

⑭ 값 레이블 : 변수의 기준과 레이블 값을 입력할 수 있습니다.

⑮ 변수군 사용 : 선택한 변수군의 변수만 데이터 편집기와 대화상자에 나타납니다.

⑯ 도구 모음 사용자 정의 : 도구 모음 보이기를 사용하여 도구 모음을 나타내거나 감추고, 도구 모음을 사용자 정의하며, 새 도구 모음을 작성할 수 있습니다.

⑰ 검색 애플리케이션 : 검색어를 포함하는 도움말 항목, 대화상자 및 케이스 연구를 찾으려면 검색필드에 내용을 입력하시면 됩니다.

SPSS 데이터 편집기에 설문 결과 입력/편집하기

이제부터는 여러분이 사회복지에 관한 간단한 설문조사를 실시했다고 가정하고, SPSS에 설문 데이터를 입력하는 방법과 데이터를 편집하고 저장하는 방법에 대하여 설명하겠습니다.

다음 예제 설문지와 결과를 읽어본 후 컴퓨터를 켜고 직접 따라하면서 공부하세요. 그래야 머리에 쏙쏙 들어옵니다.

여러분이 다음과 같은 설문지를 돌려서 설문조사를 했다고 가정해 봅시다. 지금부터 예제 데이터와 설문지를 사용하도록 하겠습니다.

문 4) 귀하는 다음 각각의 의견에 대해 얼마나 동의하십니까? 혹은 그렇지 않습니까?
(※ ㉮~㉱ 항목별로 각각 작성해 주십시오.)

항목	매우 동의한다	동의한다	동의도 반대도 하지 않는다	반대한다	매우 반대한다	선택할 수 없음
㉮ 우리나라는 소득격차가 너무 크다.	①	②	③	④	⑤	⑥
㉯ 고소득자와 저소득자 사이의 소득격차를 줄이는 것은 정부의 책임이다.	①	②	③	④	⑤	⑥
㉰ 정부는 실업자에게 적정한 수준의 삶을 제공해야 한다.	①	②	③	④	⑤	⑥
㉱ 정부는 빈곤한 사람들에게 주는 혜택을 줄여야 한다.	①	②	③	④	⑤	⑥

총 5명에게 설문조사를 하여 다음과 같은 응답 결과를 얻었다고 가정하고 응답결과를 정리해 봅시다. 설문결과가 잘 정리되어야 SPSS 데이터 편집기에 데이터를 손쉽게 입력할 수 있으니까요.

1. 설문조사 결과를 알기 위해서는 일단 설문 데이터를 〈데이터 편집기〉에 입력해야 합니다. 〈데이터 편집기〉에 직접 입력하는 방법을 배워보도록 합시다. 그리고 입력한 데이터를 정렬하여 편집하는 작업과정을 알아봅시다.
   SPSS를 실행하면 **〈제목 없음1 [데이터세트0]〉** 데이터 편집기가 열립니다. 첫 번째 사례부터 입력해 봅시다. 입력하고자 하는 셀을 마우스로 클릭하면 그 셀에 굵은 경계선이 표시됩니다.

설문 결과

번호	문4 가	문4 나	문4 다	문4 라
1	1	2	3	1
2	4	5	3	5
3	3	2	1	1
4	2	3	4	5
5	3	4	5	6

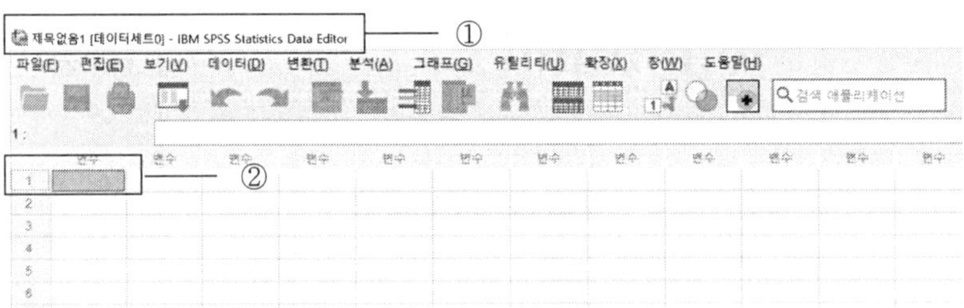

SPSS 제목없음1 [데이트세트0] 편집기

① 〈제목없음〉이란 아직 저장하지 않은 상태이므로 제목이 정해지지 않았다는 뜻입니다.
② 첫 번째 셀을 클릭하세요.

2. 첫 번째 사람의 사례부터 입력해 봅시다. 열의 1번 입력 셀을 마우스로 클릭하여 〈문4 가〉의 결과 데이터 '1'을 입력하면 셀 편집기에 방금 입력한 데이터가 나타납니다. 그런 다음 〈문4 나〉의 데이터 결과 '2'을 입력하기 위해서 마우스를 옆으로 옮겨 클릭하면 〈문4 가〉의 결과 데이터 1.00'이 나타납니다.

설문 결과

번호	문4 가	문4 나	문4 다	문4 라
1	1	2	3	1

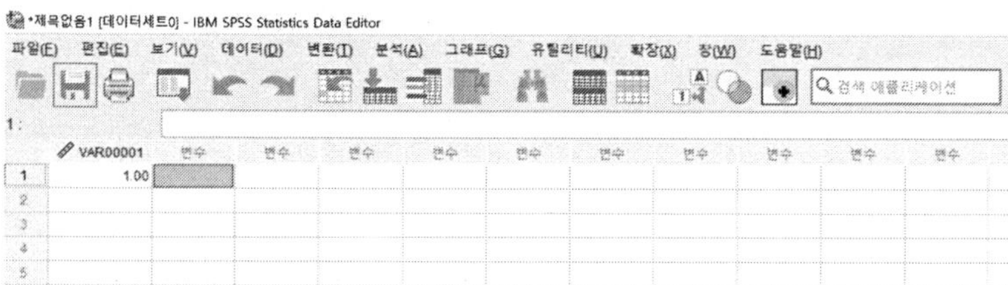

3. 결과를 입력하면 행 번호와 변수 난이 진한 색으로 바뀌는데 VAR 00001은 데이터를 1번 열의 셀에 입력했을 때 생기는 〈임의의 변수명〉입니다. 그리고 '1'을 입력했는데 '1.00'이라고 나타나는 것은 아직까지 데이터의 형식을 지정해 주지 않았기 때문입니다.

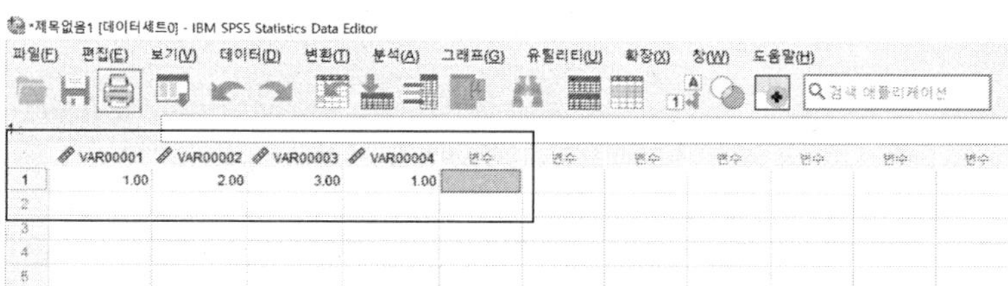

데이터 삭제하기

데이터를 데이터 편집기 창에 잘못 입력했으면 다음과 같은 방법으로 데이터를 수정하세요. 먼저 삭제하고자 하는 셀을 마우스로 클릭하세요. 그러면 선택한 셀에 굵은 경계선이 표시됩니다. 그리고 Delete를 눌러주면 데이터가 삭제되고 빈 셀이 나타납니다. 여기에 다시 입력하면 됩니다.

4. 위와 같은 방법으로 설문 결과 데이터를 모두 입력하면 아래 화면이 나타납니다. 이제 〈문4 라〉 변수(VAR00004) 열에 변수명과 변수값을 입력해 봅시다. 메뉴 하단의 〈변수 보기〉를 눌러주면 〈변수 보기〉 대화상자가 열립니다.

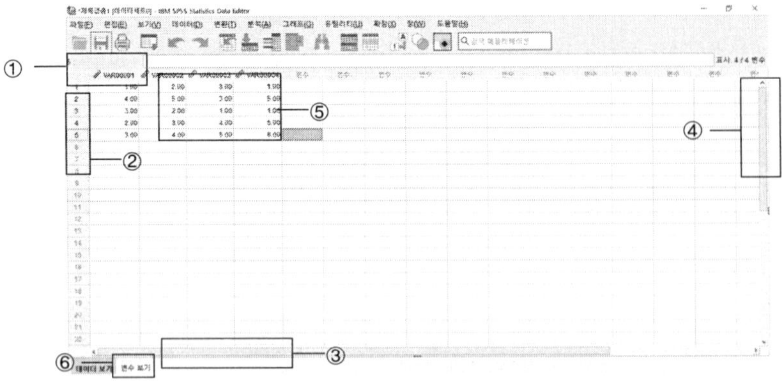

하단의 〈변수 보기〉 대화상자를 눌러주세요

① 데이터의 변수명

② SPSS 상태에서 고정된 사례 수 번호. 데이터의 사례 수에 따라 자동적으로 생성됩니다.

③ 좌(◀)나 우(▶)에 마우스 버튼을 눌러주면 좌우의 데이터가 보입니다.

④ 상(▲)이나 하(▼)로 마우스 버튼을 눌러주면 상하의 데이터가 보입니다.

⑤ 데이터의 입력상태를 볼 수 있습니다.

⑥ 변수의 이름, 유형, 자리수, 소수점 이하 자리, 설명, 값, 결측값, 열, 맞춤, 측도 등의 변수 정보를 알 수 있습니다.

5. 〈변수 보기〉 대화상자에서 〈문4 라〉 변수(VAR00004) 〈이름〉 난에 더블 클릭하여 변수 이름을 〈소득격차인식4〉라고 입력하고, 우측편의 〈유형〉의 숫자 난으로 마우스를 클릭하면 변수 이름이 입력됩니다.

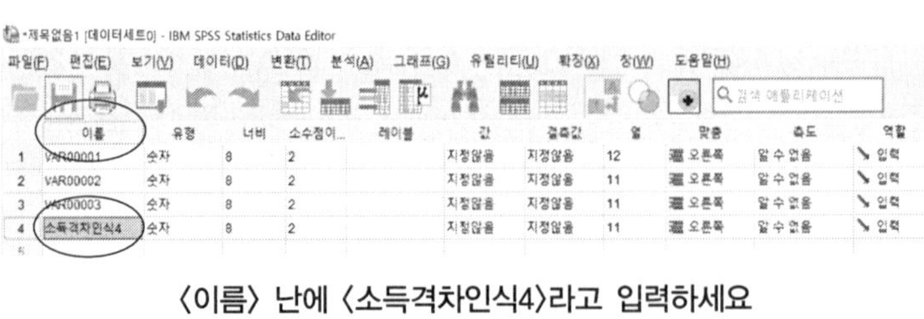

〈이름〉 난에 〈소득격차인식4〉라고 입력하세요

6. 〈문4 라〉 (소득격차인식4) 〈유형〉의 숫자 난에 클릭하면 우측에 버튼 단추가 열립니다. 버튼 단추를 눌러주면 〈변수 유형〉 대화상자가 열립니다.

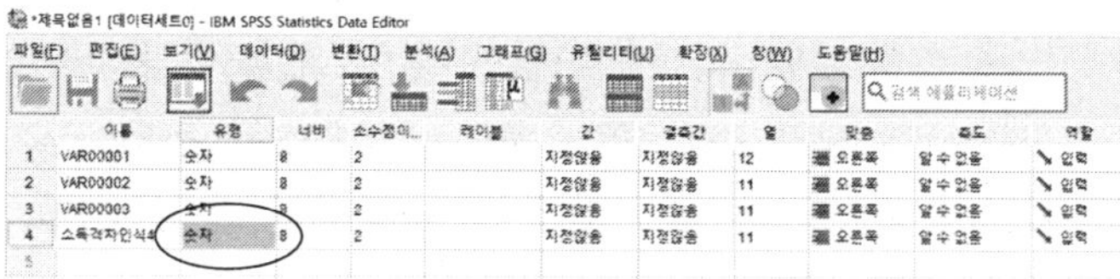

버튼 단추를 클릭하세요

7. 새로 열린 〈변수 유형〉 대화상자에서 데이터의 너비(W)는 8, 소수점을 없애기 위해서 소수점 이하의 자리수(P)는 0으로 지정합니다. 그리고 특별한 경우를 제외하고는 숫자 데이터가 많이 사용되기 때문에 마우스로 숫자(N)를 선택하고 〈확인〉을 눌러주세요.

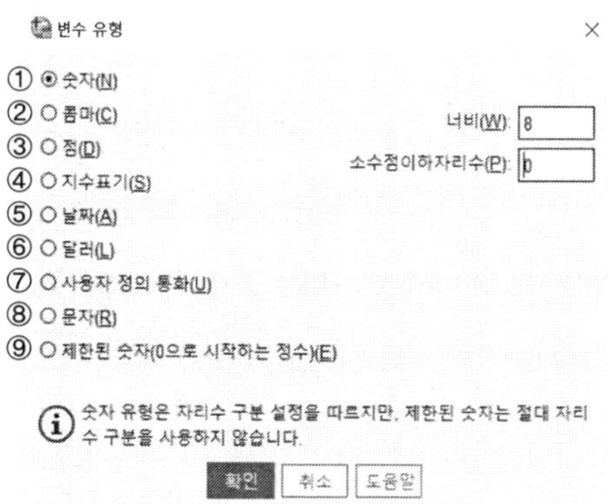

데이터의 형식을 지정하는 변수 유형

① 숫자(N) : 숫자형 데이터 형식을 사용할 때 지정합니다.

② 콤마(C) : 부호로 시작되는 데이터에 천 단위마다 콤마를 자동적으로 입력합니다.

③ 점(D) : 세 자리마다 점을 표시합니다.

④ 지수표기(S) : 숫자나 E, D를 포함한 과학적인 숫자를 자동적으로 변환합니다. 예를 들어, 212E+3은 212*10^3로 변환됩니다.

⑤ 날짜(A) : 날짜나 시간을 선택합니다. 표시 방법은 여러 가지가 있습니다.

⑥ 달러(L) : 미화 달러 표시로 천 단위마다 자동적으로 입력됩니다.

⑦ 사용자 정의 통화(U) : 사용자 정의 통화 형식으로 표시된 숫자변수, 정의한 사용자 정의 통화 특성은 데이터 입력에는 사용할 수 없으나 데이터 편집기에서는 표시됩니다.

⑧ 문자(R) : 지정된 길이까지 대소문자를 사용할 수 있는 문자 숫자변수입니다.

⑨ 제한된 숫자(0으로 시작하는 정수)(E) : 해당 값이 음이 아닌 정수로 제한된 변수입니다. 값은 0으로 시작하여 변수의 최대 자리수까지 채워져 표시됩니다. 값은 지수 표기법으로 입력할 수 있습니다.

8. 방금 입력한 대로 너비(W)은 8, 소수점 이하의 자리수(P)는 0으로 〈변수 보기〉 대화상자가 변화합니다.

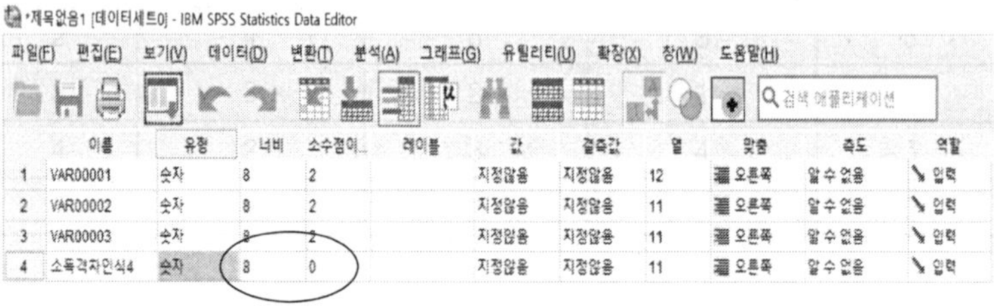

너비, 소수점 이하가 변경된 상태

9. 〈변수 보기〉 대화상자에서 〈문4 라〉 (소득격차인식4) 유형의 〈레이블〉 난에 더블 클릭하여 변수 설명을 〈정부의 빈곤정책〉이라고 입력하고, 우측편의 〈값〉 난으로 마우스를 클릭하면 변수 설명이 입력됩니다.

〈레이블〉 난에 〈정부의 빈곤정책〉 변수 설명을 입력하세요

10. 〈변수 보기〉 대화상자에서 〈문4 라〉 (소득격차인식4) 유형의 〈값〉 난을 클릭하면 우측 버튼 단추가 열립니다. 버튼 단추를 다시 눌러주면 〈값 레이블〉 대화상자가 열립니다. 〈값 레이블〉 대화상자에서 값(U) 난에 변수값 '1'을 입력한 뒤 바로 옆의 레이블(L) 난에 "매우 동의한다"라는 응답 내용을 입력하세요. 다음 플러스(+) 단추를 클릭하세요. 그림 하단에 1="매우 동의한다" 변수값 설명이 자동적으로 만들어질 것입니다.

문 4) 귀하는 다음 각각의 의견에 대해 얼마나 동의하십니까? 혹은 그렇지 않습니까?
(※ ㉮~㉱ 항목별로 각각 작성해 주십시오.)

항목	매우 동의한다	동의한다	동의도 반대도 하지 않는다	반대한다	매우 반대한다	선택할 수 없음
㉮ 우리나라는 소득격차가 너무 크다.	①	②	③	④	⑤	⑥
㉯ 고소득자와 저소득자 사이의 소득격차를 줄이는 것은 정부의 책임이다.	①	②	③	④	⑤	⑥
㉰ 정부는 실업자에게 적정한 수준의 삶을 제공해야 한다.	①	②	③	④	⑤	⑥
㉱ 정부는 빈곤한 사람들에게 주는 혜택을 줄여야 한다.	①	②	③	④	⑤	⑥

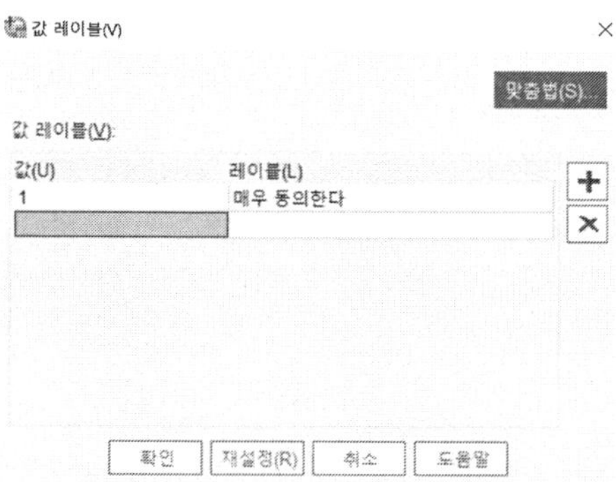

변수값 설명을 입력하는 값 레이블(V) 대화상자

11. 이와 같은 방법으로 각 항목의 변수값 입력이 전부 끝나면 〈확인〉을 눌러주세요. 변수값이 전부 입력된 〈값 레이블〉 대화상자가 보일 것입니다.

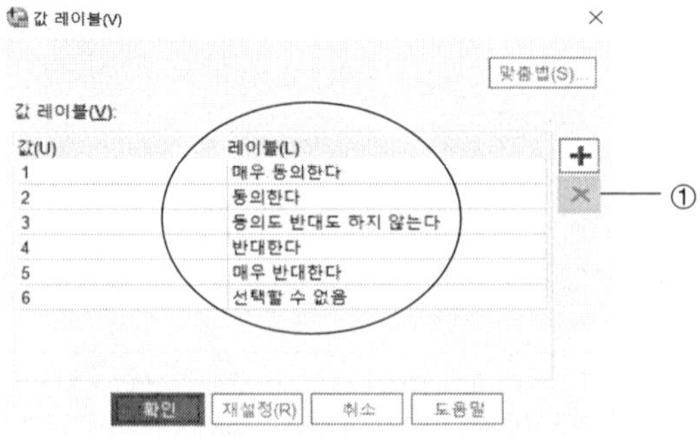

변수값 설명 입력이 완료된 값 레이블 대화상자

① 잘못 입력했을 경우는 〈삭제(X)〉를 누르고 수정하면 됩니다.

12. 〈변수 보기〉 대화상자에서 〈문4 라〉 (소득격차인식4) 유형의 〈결측값〉 난을 클릭하면 우측 버튼 단추가 열립니다. 버튼 단추를 다시 눌러주면 〈결측값〉 대화상자가 열립니다. 〈결측값〉 대화상자에서 '결측값 없음(N)'을 선택하세요. 사용자 무응답치가 없다는 뜻입니다. 보통 사용자 무응답치는 9나 99로 표시합니다. 〈확인〉을 눌러주세요. 결측값이 지정된 〈변수 보기〉 대화상자가 보일 것입니다.

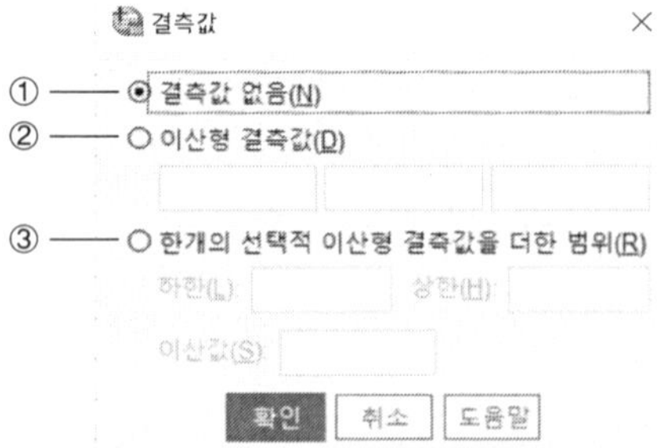

무응답치의 형식을 지정하는 결측값 대화상자

① 결측값 없음(N) : 모든 데이터의 무응답치가 없음을 지정합니다.

② 이산형 결측값(D) : 사용자가 임의로 설정한 무응답치를 3개까지 지정할 수 있습니다.

③ 한 개의 선택적 이산형 결측값을 더한 범위(R) : 사용자가 임의로 설정한 낮은 수부터 높은 수까지를 모두 포함하여 무응답치를 지정할 수 있습니다. 또한 범위 밖의 수도 지정할 수 있습니다.

무응답치도 두 종류가 있다던데…

응답자가 특정 문항에 응답을 하지 않은 경우에 할당되는 코딩값을 '무응답치'라고 하며, 크게 '시스템 무응답치'와 '사용자 무응답치'로 나눌 수 있습니다.

- 시스템 무응답치
  특정 문항의 항목 중에 응답자에게 해당되는 항목이 존재하지 않을 경우에 발생합니다.
- 사용자 무응답치
  응답자가 의도적으로 응답을 기피한 경우에 발생합니다. 무응답치가 많이 발생하면, 분석 결과의 해석에 문제가 생기므로 조사의 전 과정에서 이러한 무응답치가 최소화되도록 세심하게 주의를 기울여야 합니다.

13. 〈변수 보기〉 대화상자에서 〈문4 라〉 (소득격차인식4) 유형의 〈열〉 난을 클릭하면 우측 버튼 단추가 열립니다. 버튼 단추를 상하로 눌러 열자리의 셀 크기를 지정합니다. 보통 숫자 데이터인 경우 8로 지정합니다.

14. 〈변수 보기〉 대화상자에서 〈문4 라〉 (소득격차인식4) 유형의 〈맞춤〉 난을 클릭하면 우측 버튼 단추가 열립니다. 버튼 단추를 상하로 눌러 데이터의 정렬방식을 지정합니다. 보통 가운데 정렬을 주로 사용합니다.

15. 〈변수 보기〉 대화상자에서 〈문4 라〉 (소득격차인식4) 유형의 〈측도〉 난을 클릭하면 우측 버튼 단추가 열립니다. 버튼 상자를 상하로 눌러 데이터 측도를 지정합니다. '소득격차인식4'는 등간 측도이므로 "순서형"을 클릭합니다. 마지막으로 〈역할〉 난은 그대로 두셔도 관계없습니다.

열, 맞춤, 측도, 역할이 정리된 변수 보기 대화상자

16. 이제까지 〈문4 라〉 (소득격차인식4) 변수를 정의하는 방법을 설명했습니다. 다른 3개의 문항들은 여러분들이 직접 똑같이(5~14번) 해보시기 바랍니다. 각 변수에 대한 편집 상태가 완료되면 하단의 〈데이터 보기〉를 눌러줍니다. 그러면 편집이 완료된 데이터 편집기 창이 나타납니다.

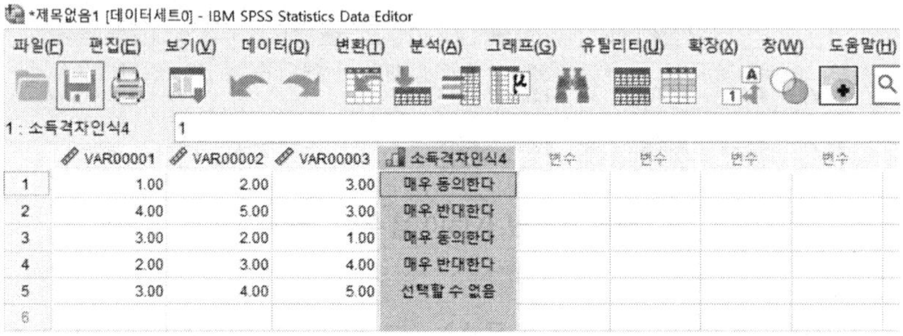

〈문4 라〉변수가 편집된 상태

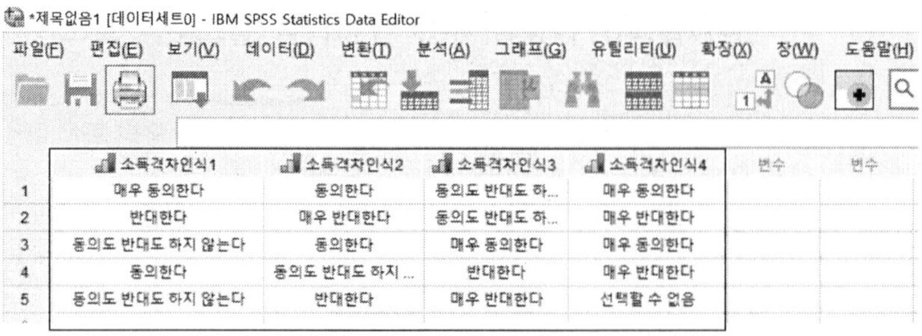

변수 정의가 완료된 상태

데이터가 많으면 어떻게 일일이 입력하죠?

조사한 사례 수가 적으면 위와 같은 방법으로 데이터를 입력할 수 있겠지만 수가 많은 경우엔 어떻게 해야 할까요? 일반적으로 설문조사는 조사대상자가 500명에 설문수가 최소한 20문항 이상 되는 것이 보통인데, 이를 계산하면 최소한 500명×20문항=1000번 정도는 데이터 편집기에서 마우스를 움직여 셀에 입력해야 하는 어려움을 겪게 됩니다.

그러나 걱정하지 마세요. 손쉽고, 빠르게 데이터를 입력하는 방법을 '02장 SPSS 데이터 파일 손쉽게 따라 만들기'에서 가르쳐 드리겠습니다.

01-3 SPSS 데이터 편집기 잔기술 배우기

한글, 워드에는 여러 가지 기능이 있습니다. 그러나 자주 사용하는 기능도 있고, 전혀 사용하지 않는 기능도 있습니다. 이와 마찬가지로 SPSS도 여러 가지 기능이 있습니다. 여기에서는 SPSS을 사용할 때 가장 많이 사용하는 기능에 대해서만 설명해 드리겠습니다. 왜냐고요? 가장 많이 사용하는 기능은 핵심적인 기능이기 때문입니다.

데이터 저장하고 불러오기

공들여 입력한 데이터를 여러분의 하드디스크에 저장해 보도록 합시다. 조사연구의 데이터를 가지고 작업할 때는 항상 〈저장하기〉의 단추를 습관적으로 눌러주세요. 왜냐하면 공들여 입력한 데이터를 한번에 날려 큰 낭패를 볼 수 있으니까요.

1. SPSS 데이터 편집기에서 **[파일(F)] → [다른 이름으로 저장(A)...]**을 선택하면 **〈데이터를 다른 이름으로 저장〉** 대화상자가 열립니다.

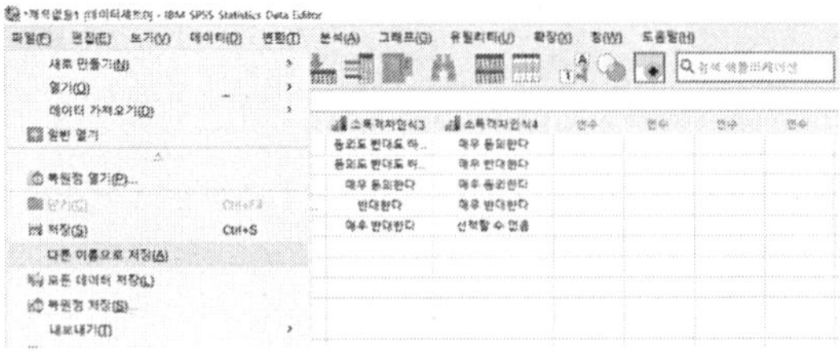

SPSS의 [파일(F)] 메뉴

2. 데이터를 다른 이름으로 저장 대화상자에서 파일 이름을 '**샘플 데이터**'라고 적어 넣어 봅시다.
그리고 〈저장(S)〉 단추를 누르면 '샘플데이터.sav'라는 파일이 C:₩사회복지 폴더에 저장될 것입니다. 탐색기를 열어서 한번 확인해 보십시오. 참고로 SPSS 체험판에는 다른 이름으로 〈저장하기〉 버튼이 없습니다.

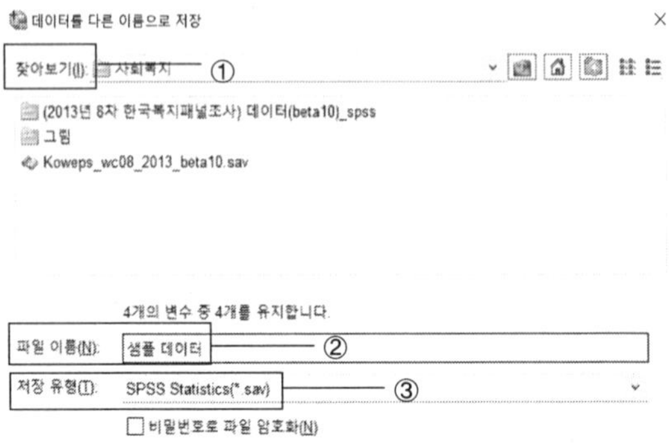

데이터를 다른 이름으로 저장 대화상자

① 찾아보기(I)
저장 디렉토리(A: B: C: D: E: F:)는 조사 담당자가 저장하기 편한 대로 선택합니다. 여기에서는 임의적으로 C:₩ 사회복지 폴더에 저장했습니다.

② 파일 이름(N)
조사 담당자가 원하는 파일명(샘플데이터)을 입력합니다.

③ 파일 형식(T)
SPSS(*.sav)라는 확장자를 마우스로 클릭하여 선택합니다. sav라는 확장자는 SPSS의 데이터 파일이란 뜻입니다.

3. 이렇게 저장한 파일을 나중에 다시 찾으려면 **[파일(F)] → 열기(O)→ 데이터(D)...**를 선택하세요. 그럼 데이터 열기 대화상자가 나올 겁니다. 여기서 원하는 파일을 선택하여 〈열기(O)〉를 누르면 선택한 파일이 나타납니다.
   여기에서는 **한국복지패널(https://www.koweps.re.kr)에서 다운받은 데이터를 한번 열어 보겠습니다.**

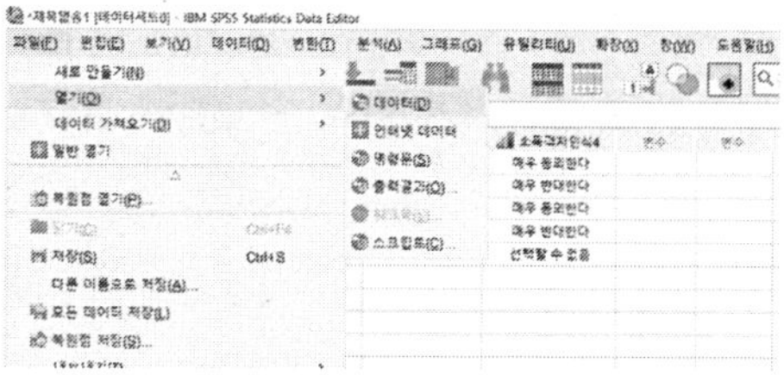

SPSS의 [파일(F)] 메뉴

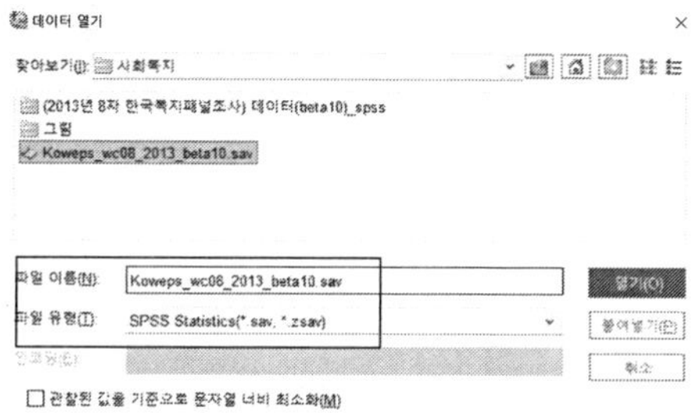

데이터 열기 대화상자

새로운 사례 추가하기/삭제하기

1. 새로운 사례 수를 추가할 때는 먼저 추가할 위치에 있는 데이터를 마우스로 클릭하여 블록을 설정합니다. 그리고 마우스 우측 버튼을 클릭하여 **〈케이스 삽입(I)〉**을 선택합니다.

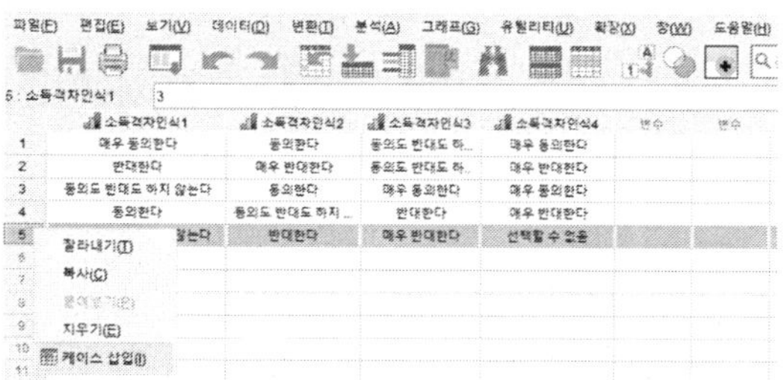

SPSS의 [케이스 삽입(I)] 메뉴

2. 블록을 설정한 자리에 새로운 사례수를 넣을 공란이 생기고, 그 자리에 있던 사례는 하단으로 밀리게 됩니다. 공란에 추가하고자 하는 변수값을 입력하면 새로운 변수값이 입력됩니다.
   ① **공란이 생겼습니다.**

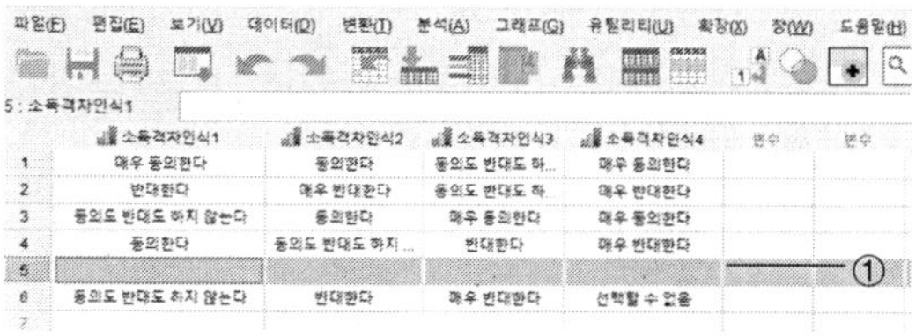

새로운 사례수가 추가된 상태

3. 새로 만든 5행을 다시 삭제해 볼까요? 5행을 블록 설정한 상태에서 [Delete]글쇠를 누르세요. 열을 삭제할 때도 마찬가지 방법으로 하면 됩니다. 사례를 삭제하려면 언제든지 해당 행이나 열을 선택하고 [Delete]를 누르면 됩니다.(메뉴에서 **[편집(E)]→지우기(E)**를 선택해도 됩니다) 지정된 사례들은 모두 삭제되고 하단의 사례가 삭제된 자리로 올라갑니다.

4. 만약에 실수로 중요한 사례들을 삭제했다면 걱정하지 마시고 한글 SPSS메뉴에서 **[편집(E)] →실행취소(U)**를 선택하면 삭제된 사례가 다시 살아납니다.

▌변수 추가하기

1. 새로운 변수를 추가하는 방법을 배워봅시다. 여기서는 임의로 '**일련번호**'라는 변수 자리를 만들어 보겠습니다. 새로운 변수를 추가할 때는 변수의 열 최 상단을 마우스로 클릭하여 블록을 설정합니다. 그리고 마우스 우측 버튼을 클릭하여 **〈변수 삽입(A)〉**을 선택합니다.

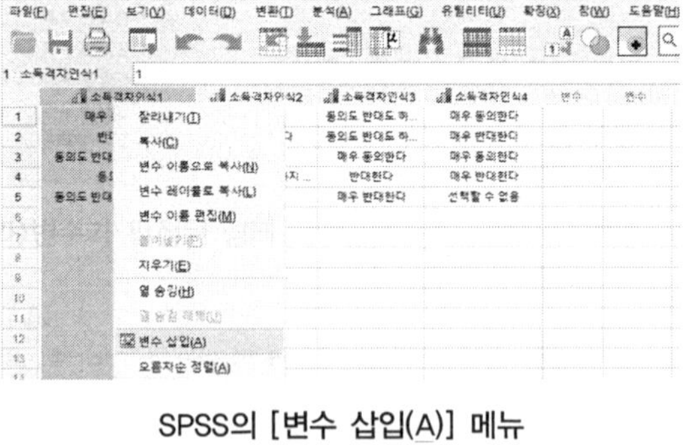

SPSS의 [변수 삽입(A)] 메뉴

2. 새로운 **변수 공란**(var00007)이 블록을 설정한 그 자리에 생기고 그 자리에 있던 변수(소득격차인식1)은 오른편으로 이동했습니다.

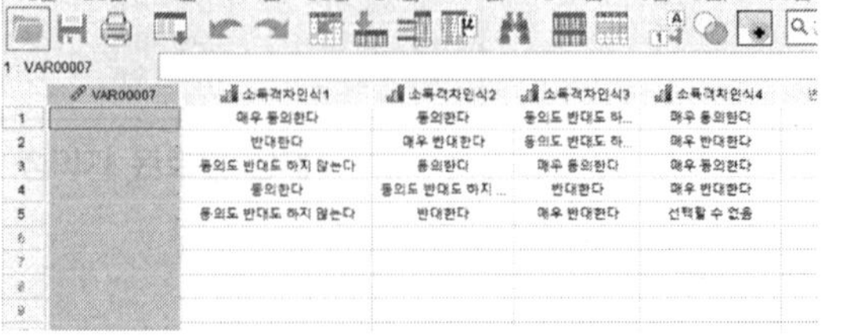

변수 난이 추가된 상태

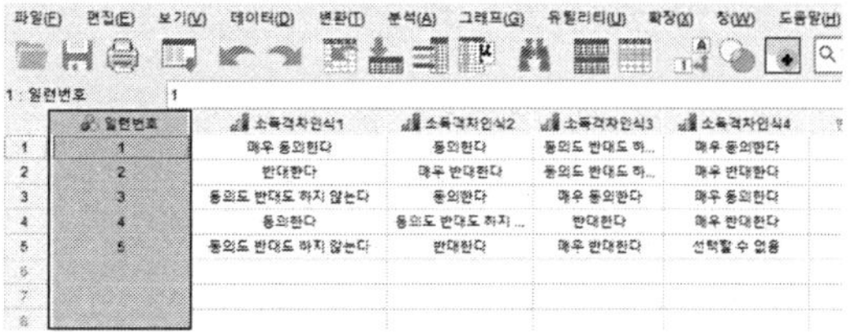

일련번호 변수로 추가 정리된 상태

이 공란에 추가하고자 하는 데이터를 입력하고 변수명과 변수값을 정의하여 새로운 변수명을 만듭니다.
우선 1부터 5까지 일련번호를 입력한 뒤 앞에서 배운 대로 변수명과 변수값을 여러분이 직접 정의해 보시기 바랍니다.

▌통계분석 빈도분석으로 실행/결과보기-출력결과 [문서]창 이해하기

데이터를 입력했으니 이제 통계분석을 할 차례입니다. 분석결과는 차트나 그래프로 **출력결과 [문서]창**에 자동적으로 나타나게 됩니다. 그러면 앞에서 만든 데이터를 가지고 통계분석의 기초인 빈도분석을 실시해 보겠습니다.

빈도분석에 대해서는 둘째 마당에서 자세히 설명하겠습니다. 다음 설문에 대한 빈도분석(Frequency)을 실행해 보겠습니다.

다운받은 〈Koweps_wc08_2013_beta10.sav〉 데이터 파일을 불러오시기 바랍니다.

문 4) 귀하는 다음 각각의 의견에 대해 얼마나 동의하십니까? 혹은 그렇지 않습니까?
(※ ㉮~㉱ 항목별로 각각 작성해 주십시오.)

항목	매우 동의한다	동의한다	동의도 반대도 하지 않는다	반대한다	매우 반대한다	선택할 수 없음
㉮ 우리나라는 소득격차가 너무 크다.	①	②	③	④	⑤	⑥
㉯ 고소득자와 저소득자 사이의 소득격차를 줄이는 것은 정부의 책임이다.	①	②	③	④	⑤	⑥
㉰ 정부는 실업자에게 적정한 수준의 삶을 제공해야 한다.	①	②	③	④	⑤	⑥
㉱ 정부는 빈곤한 사람들에게 주는 혜택을 줄여야 한다.	①	②	③	④	⑤	⑥

1. SPSS 데이터 편집기에서 **[분석(A)] → 기술통계량(E) → 빈도분석(F)...** 순으로 선택하면 빈도분석 대화상자가 열립니다.

SPSS의 [분석(A)] 메뉴

2. 빈도분석 대화상자에서 분석하고자 하는 <u>**변수**(wc08_5aq1)</u>를 마우스로 클릭하여 변수(V) 난으로 이동시킵니다. 이동시키는 방법은 왼편에서 원하는 변수를 클릭한 후 〈푸시〉 〈단추〉 클릭하면 됩니다. 그럼 원하는 변수가 자동으로 변수(V) 난으로 이동합니다.

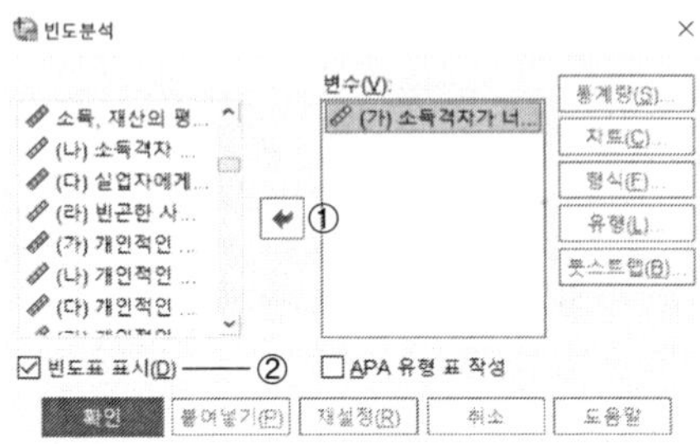

빈도분석 대화상자

① 푸시 단추, 왼편의 변수를 마우스로 클릭한 뒤 여기를 눌러주면 변수가 오른편으로 이동합니다.
② 나중에 빈도분석 테이블이 자동으로 나타나도록 이곳에 체크하세요.

3. 빈도분석 대화상자에서 〈통계량(S)...〉을 마우스로 선택하면 다음 대화상자가 열립니다.
설문 응답자들이 가장 많이 선택한 항목의 빈도를 확인할 수 있는 최빈값(O)이 출력되도록 선택합니다. 다음과 같이 옵션을 선택하고 〈계속〉을 눌러주세요.

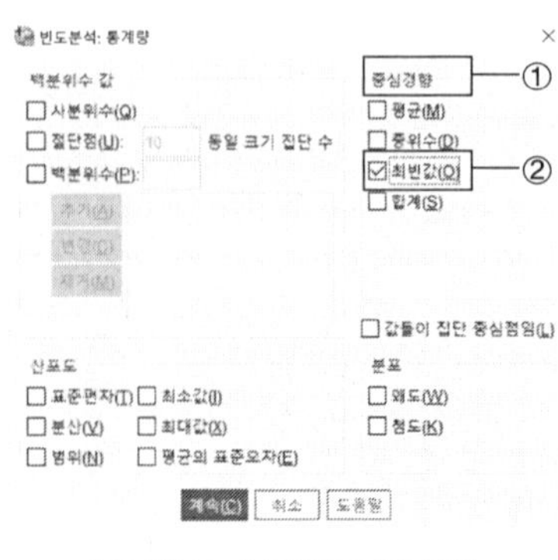

빈도분석: 통계량 대화상자

① 각종 평균값의 형식을 지정합니다.
② 원하는 옵션을 마우스로 클릭 하면 □ → ☑로 바뀝니다.

4. 빈도분석 대화상자에서 〈차트(C)...〉를 선택하면 빈도분석: 차트 대화상자가 열립니다.

   여기서 도표의 유형은 막대형 차트(B)를, 차트값의 세로축 눈금을 나타내는 차트값은 빈도수를 나타내도록 빈도(F) 옵션을 선택하고 〈계속〉을 눌러주세요.
   ① 차트의 세로축에 빈도수를 표시(기본 설정)

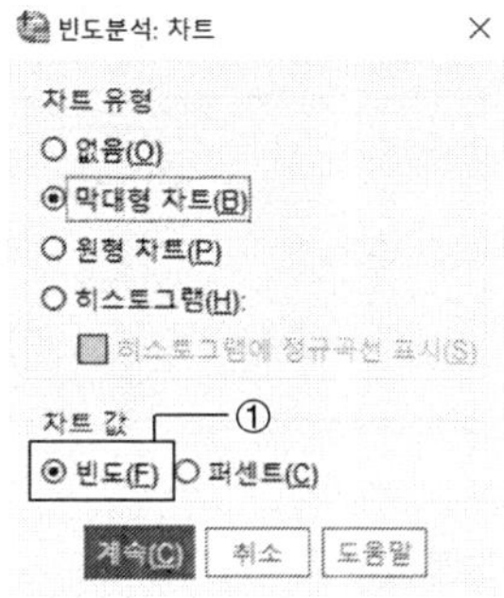

빈도분석: 차트 대화상자

5. 이번에는 빈도분석 대화상자에서 〈형식(F)...〉을 선택하세요. 빈도분석: 형식 대화상자가 열리면 다음과 같이 옵션을 선택하고 〈계속〉을 클릭하세요. **〈유형(L)...〉과 〈붓스트랩(B)...〉은 선택하지 않아도 됩니다.**

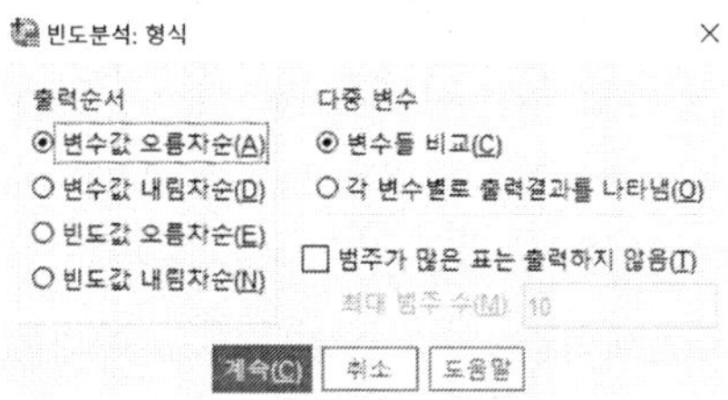

빈도분석: 형식 대화상자

6. 다시 빈도분석 대화상자가 나타나면 〈확인〉 단추를 누르세요. 그럼 빈도분석 결과가 나타날 것입니다.

   이처럼 모든 분석결과를 나타내 주는 대화상자가 바로 〈출력결과1[문서1]창〉입니다. 모든 통계분석의 결과를 알려주는 일종의 분석결과 게시판이라고 생각하시면 됩니다.

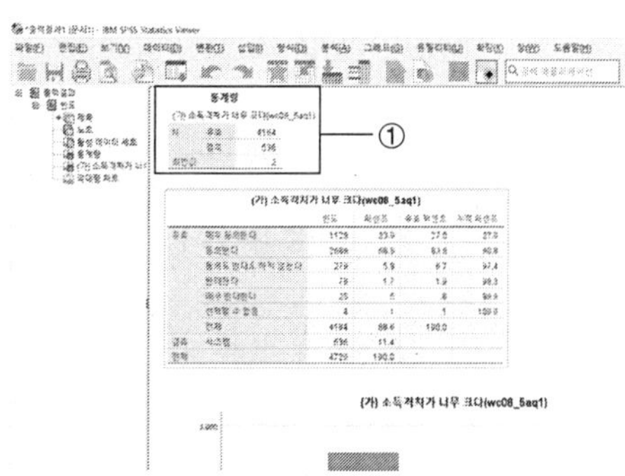

출력결과1 [문서1]창

① 창이 작으면 이 단추를 클릭하여 크게 만드세요.

② 응답자가 가장 많이 선택한 것은 2번 '동의한다'로 나타납니다.

7. **〈출력결과1 [문서1]〉창**의 오른쪽에 결과가 나타납니다.

이동줄을 아래쪽으로 드래그해 보세요. 아까 선택했던 바 차트가 보일 것입니다.

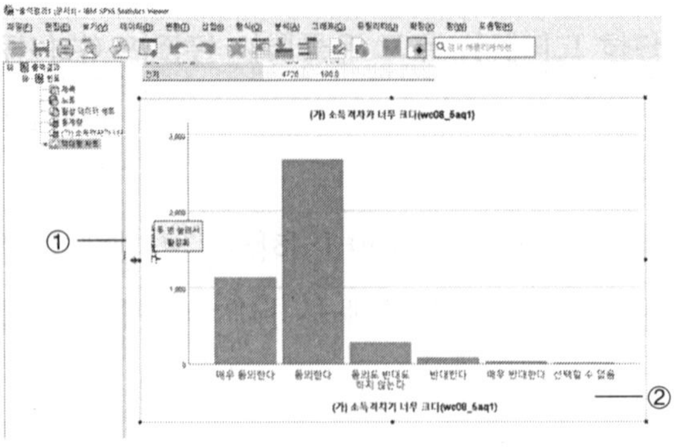

출력결과1 [문서1]창

① 창틀을 드래그하여 왼쪽 창과 오른 쪽 창의 크기를 조절할 수 있습니다.

② 바를 이동하면 상하로 이동됩니다.

8. 결과를 한번 인쇄해 봅시다. 출력결과1[문서1]창의 **[파일(F)]** 메뉴에서 **인쇄(P)**를 선택해 보세요.

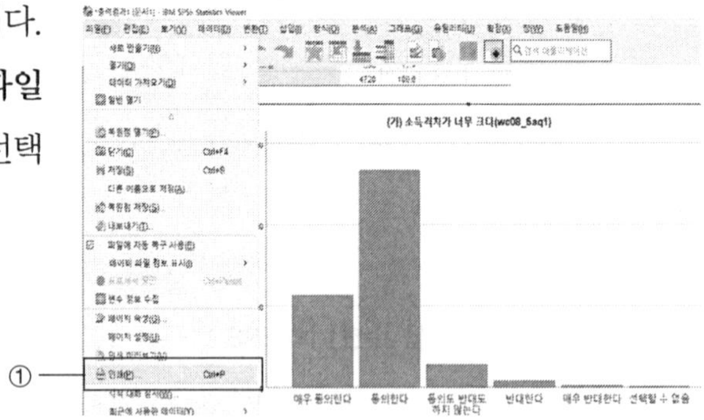

① 인쇄 미리보기(V)를 클릭하면 종이에 어떻게 인쇄될지 미리 확인할 수 있습니다.

9. 인쇄 대화상자가 나올 것입니다. 여기서 모이는 모든 가시 출력결과(A)를 선택하고 〈확인〉을 누르면 인쇄가 됩니다.

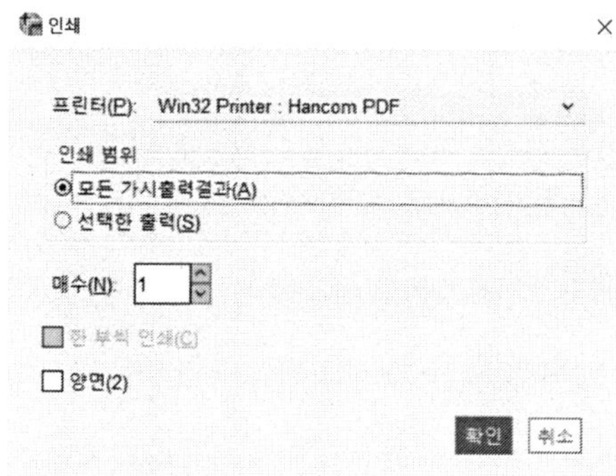

인쇄가 왜 이렇게 안 돼요?

프린트와 종이에 따라서 용지설정을 다시 해주어야 할 경우도 있습니다. 출력결과1[문서1]창 메뉴에서 [파일(F)] → 페이지 설정(U)을 선택하면 다음 대화상자가 나오는데 여기서 〈용지 설정〉을 바꾸고 다시 인쇄해 보세요.

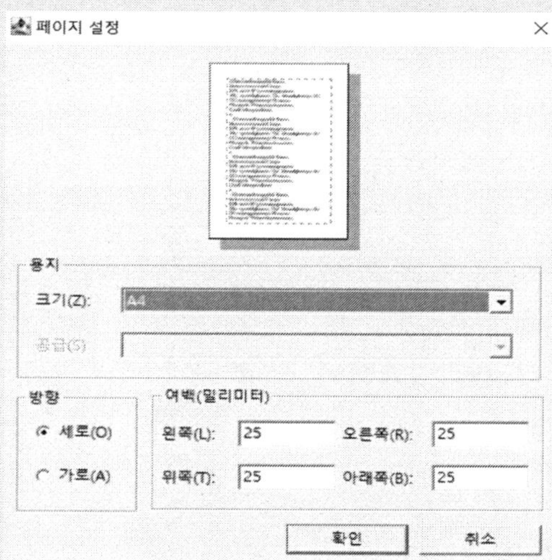

▌분석 결과 저장하고 불러오기

출력결과1 [문서1]창의 〈소득격차 인식〉 빈도분석 결과를 저장해 봅시다.

1. 출력결과1[문서1]창의 **[파일(F)]→ 저장(S)**을 선택하면 다른 이름으로 저장 대화상자가 나타납니다.

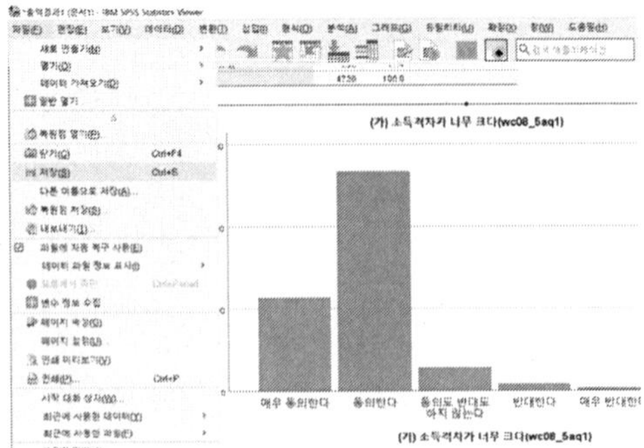

출력결과1 [문서1]창

2. 출력을 다른 이름으로 저장 대화상자나 나오면 파일 이름(N) 난에 '**분석결과**'라고 입력합니다.

   그리고 〈저장(S)〉단추를 누르면 '분석결과.spv'라는 이름으로 자동 저장됩니다.

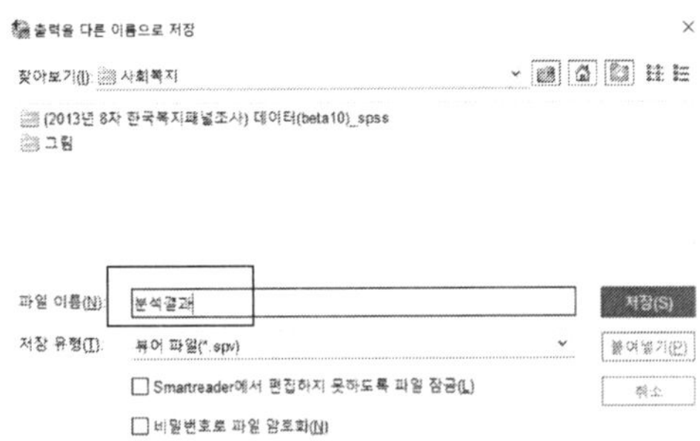

출력을 다른 이름으로 저장 대화상자

3. 방금 저장한 '분석결과.spv' 파일을 **출력결과1 [문서1]창**에서 불러오려면 데이터 편집기 창에서 **[파일(F)] → 열기(O) → 출력결과(O)...**를 선택하세요.

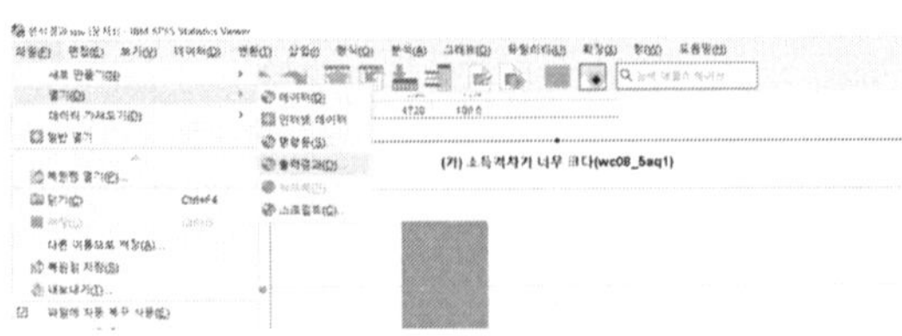

SPSS의 [파일(F)] 메뉴

그러면 파일 열기 대화상자가 열립니다.

4. 출력 결과 열기 대화상자에서 파일 유형(T)을 〈뷰어 문서(*.spv)〉로 지정해 주면 방금 저장한 '분석결과.spv'이 나타납니다.

찾는 파일 이름을 클릭한 다음 〈열기(O)〉 단추를 누르면 분석결과가 다시 출력됩니다.

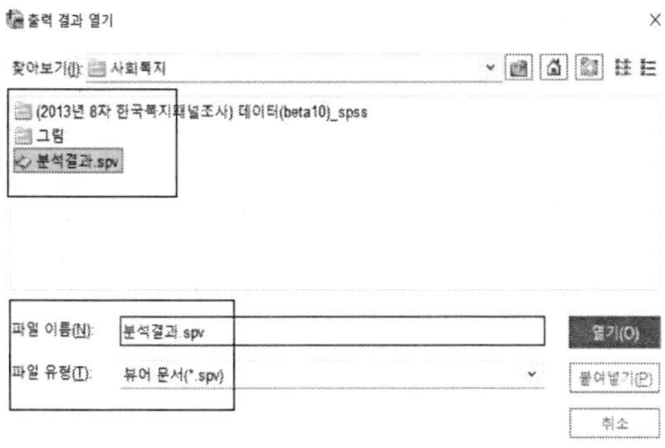

출력 결과 열기 대화상자

분석 결과 위치 바꾸기

조사 연구의 통계분석 결과를 보려면 **출력결과 [문서]창**을 열면 됩니다. 분석결과는 표와 차트로 보여줍니다. 표와 차트를 여러분이 원하는 모양으로 편집하려면 이 창의 메뉴들을 좀 더 알아두는 것이 좋습니다. 출력결과 [문서]창에 대해 알아보도록 합시다.

1. 왼쪽 창 안에 나타나는 분석결과의 아이콘을 마우스로 클릭하면, 오른쪽 창에는 방금 아이콘 내용이 네모난 경계선으로 표시되면서 나타납니다.

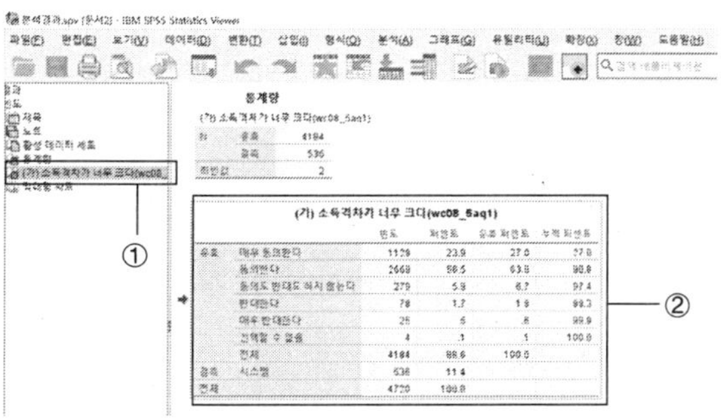

'막대형 차트' 항목을 클릭하면 바로 막대차트로 이동할 것입니다.

① 여기를 마우스로 클릭하세요.
② 현재는 '빈도통계표' 항목이 선택되어 있습니다.

2. 막대차트가 있는 곳으로 바로 이동했죠? 표와 차트의 순서를 바꿀 수도 있습니다.

오른쪽 창의 분석결과를 옮기고 싶다면 왼쪽 창에 있는 아이콘을 마우스로 드래그하여 원하는 위치로 옮깁니다. 그러면 왼쪽 창에 나타나는 순서대로 오른쪽 창의 배열도 바뀔 것입니다.

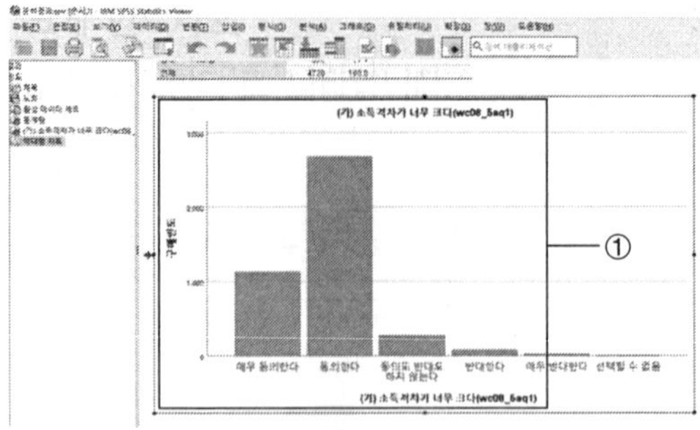

표와 차트의 위치를 바꾸는 과정

① 이 항목을 마우스로 끌어서 '빈도통계표' 항목 아이콘이 있는 곳으로 옮겨 보세요. 옮길 위치에 빨간 화살표가 표시됩니다.

3. 원하는 위치(화살표)에 마우스를 놓으면 아이콘이 이동합니다. 위의 그림과 비교해 보세요.

① 막대차트가 위쪽으로 이동했습니다.

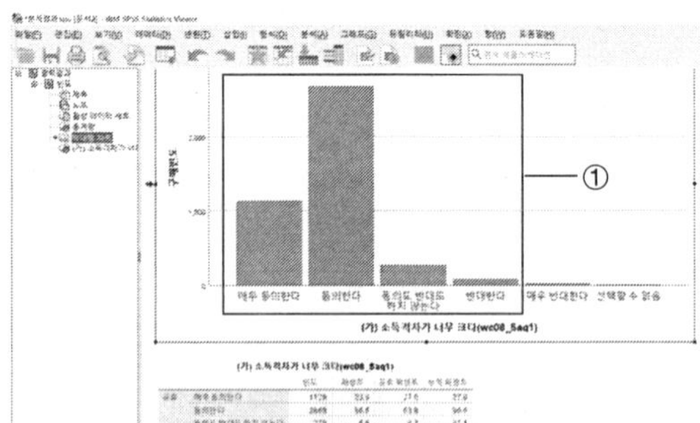

출력결과1 [문서1]창

4. 특정한 표나 차트를 출력결과[문서]창에서 삭제할 수도 있습니다. 먼저 지우려는 항목을 왼쪽 창에서 클릭합니다.

그럼 오른쪽 창의 선택된 항목에 사각형 테두리가 형성됩니다. 이 상태에서 Delete 글쇠를 누르면 선택된 항목이 모두 사라

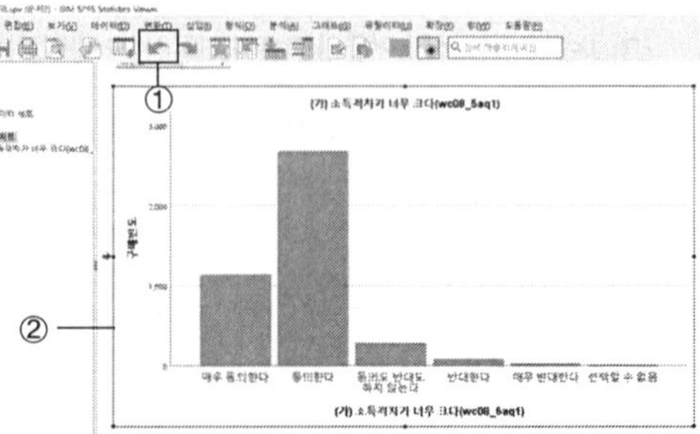

표와 차트의 위치가 바뀐 모습

집니다. **[편집(E)]** → **삭제(D)** 메뉴를 선택해도 됩니다.

① '삭제'를 취소하려면 이 단추를 클릭하세요.
② 여기를 마우스로 클릭해도 선택됩니다.

분석 결과 다양하게 표현하기 - 옵션조정

분석 결과표 양식은 조사 담당자의 편집 취향에 따라 다양하게 편집할 수 있습니다. 여러 가지 분석표 양식을 참조하여 선택하기 바랍니다. 분석표 양식을 잘 활용하면 조사 보고서를 작성하는 데 많은 도움이 될 것입니다.

1. 데이터 편집기 창에서 **[편집(E)]** → **옵션(N)...** 메뉴를 선택하면 SPSS 옵션 대화상자가 열립니다.

SPSS의 [편집(E)] 메뉴

2. SPSS 옵션 대화상자의 기능은 한글의 편집 기능과 비슷하다고 보면 됩니다. 15분 정도면 SPSS 옵션 대화상자의 기능을 충분히 습득할 수 있습니다. 각 탭의 기능은 다음과 같습니다.

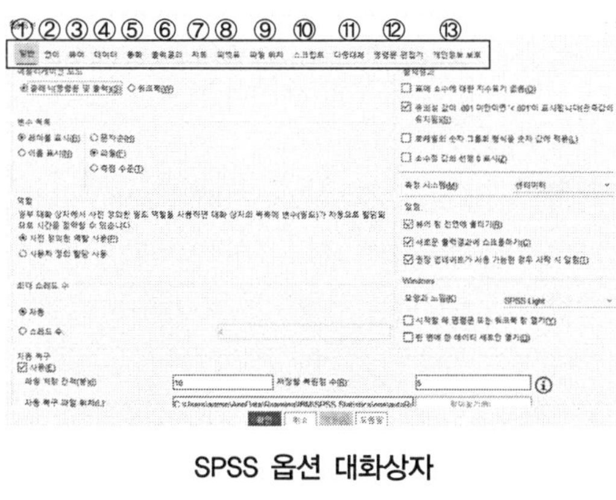

SPSS 옵션 대화상자

① 일반 : 기본적으로 설정된 옵션내용입니다.

② 언어 : 결과에 사용되는 언어를 제어합니다. 단순 텍스트 결과에는 적용되지 않습니다. 사용 가능한 언어 목록은 현재 설치된 언어 파일에 따라 달라집니다.

③ 뷰어 : 출력결과1[문서1]창의 글자체와 글자 크기를 조정합니다. 여기에서는 Syntax 명령문이 출력결과1[문서1]창에 불필요하게 출력될 때 출력결과1[문서1]창 메뉴 중에서 감추기(H)를 선택하면 불필요한 Syntax 명령문이 나타나지 않습니다.

④ 데이터 : 데이터 입력의 기본 형식을 지정합니다.

⑤ 통화 : 화폐 단위의 형식을 지정합니다.

⑥ 출력결과 : 출력결과 아웃 라인의 변수값 표시 형태를 지정합니다.

⑦ 차트 : 차트의 글자체와 형태 등을 지정합니다.

⑧ 피벗표 : 출력결과1[문서1]창의 분석표 양식(글꼴, 색상, 경계선)을 지정합니다.

⑨ 파일 위치 : 파일 위치 탭의 옵션은 애플리케이션이 각 세션 시작 시 파일을 열고 저장하는 데 사용할 기본 위치, 저널 파일의 위치 임시 폴더의 위치, 최근에 사용한 파일 목록에 표시되는 파일 수 및 IBM® SPSS® Statistics – Python 용 통합 플러그인에서 사용되는 Python 3.10의 설치를 제어합니다.

⑩ 스크립트 : 자동기록의 스크립트를 지정할 수 있습니다.

⑪ 다중대체 : 이 기능을 사용하려면 결측값 옵션이 필요합니다.

⑫ 명령문 편집기 : 명령, 하위 명령, 키워드, 키워드 값 및 설명의 색상 코딩을 설정하거나 해제할 수 있으며 각각의 글꼴 유형 및 색상을 지정할 수 있습니다.

⑬ 개인정보 보호 : 개인정보 보호 탭에서는 SPSS® Statistics가 IBM과 사용자 정보를 공유하도록 허용, 비허용을 선택할 수 있습니다.

3. 여기서는 표 모양을 정돈할 때 쓰이는 피벗표 기능에 대해서만 언급하겠습니다.
일단 **'Blue' 스타일**로 표 모양을 바꾸어 볼까요? 피벗표 탭을 클릭하고 표 모양 항목에서 **'Blue'**를 선택해 보세요. 오른쪽 창에 분석하는 표 모양이 바뀌어 나

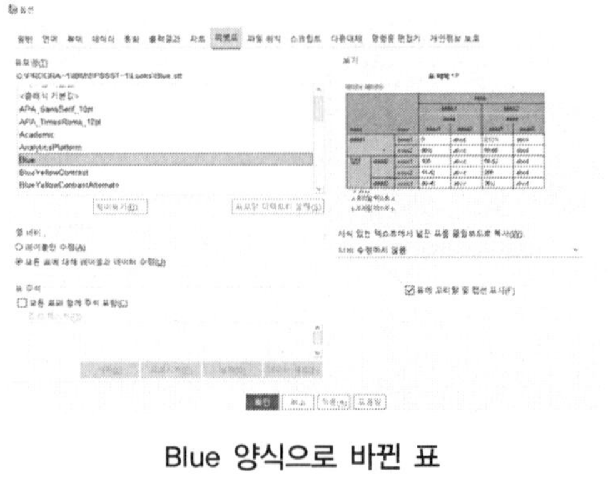

Blue 양식으로 바뀐 표

타날 것입니다. 그리고 〈확인〉을 클릭하면 앞으로 분석하는 표의 모양이 **출력결과1 [문서1]창**에서는 전부 이런 모양으로 바뀌게 됩니다. 다른 항목으로 만들고 싶다면 표 모양 항목에서 다른 것을 선택하면 됩니다.

용도에 맞게 재편집하기

출력결과 [문서]창에 나타난 분석결과를 조사 담당자가 조사목적과 내용에 맞게 재편집할 수 있습니다. 행과 열, 분석표 양식, 색상 등에 다양하게 변화를 주어 재편집하면, 보고서를 훨씬 보기 좋게 만들 수 있습니다. **출력결과 [문서]창**에서 편집하는 방법을 직접 배워봅시다.

1. 먼저 '분석결과.spv' 파일을 연 다음 실습해 봅시다. 오른쪽 창의 '소득격차인식' 표 안에서 더블 클릭하세요.

   그럼 표 부분에 빗금친 점선이 생기면서 창의 모양이 조금 바뀔 것입니다.

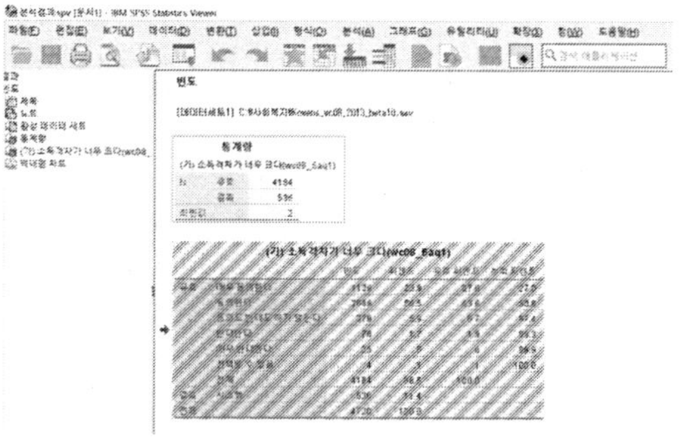

출력결과1 [문서1]창

이 상태를 '피벗 테이블 편집기'라고 합니다.

이제 편집할 수 있는 상태로 바뀌었습니다. 표의 열과 행을 바꾸어 보겠습니다. [피벗(P)] 메뉴에서 행과 열 전치(T)를 선택하세요.

[피벗(P)] 메뉴에서는 무슨 일을 할까요?

피벗 테이블 편집기 창의 메뉴중 [피벗(P)]을 선택하면 다음과 같은 편집메뉴가 나타납니다. 편집 옵션에 따라 사용자가 원하는 방향으로 편집하면 됩니다.

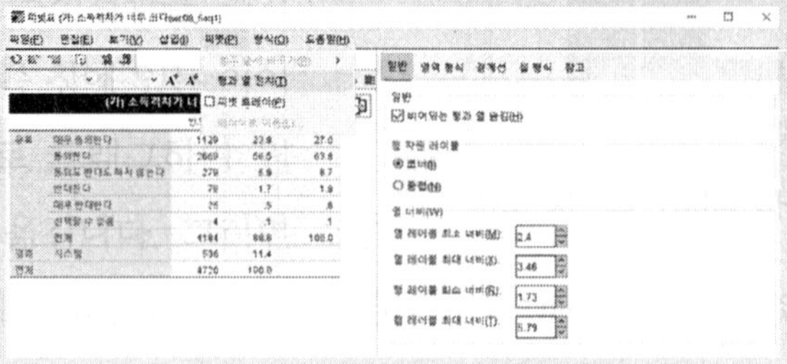

① 범주 순서 바꾸기(R) : 전체의 주제 제목이 행의 위치 쪽으로 이동됩니다. (특히 일반적 통계표(G)에서 효과적으로 이용할 수 있습니다).
② 행과 열 전치(T) : 행과 열의 위치를 정반대로 바꾸어 줍니다.
③ 피벗 트레이(P) : 피벗 테이블 편집기 창의 구조가 행, 열, 레이어를 마우스로 편리하게 변환할 수 있도록 바뀝니다.
④ 레이어로 이동(L) : 원하는 항목만 분석하고 편집할 수 있습니다.

2. **행과 열 전치(T)**를 선택하면 다음과 같이 행과 열이 바뀌어 나타납니다. 앞의 그림과 비교해 보면 편집 상태가 어떻게 바뀌었는지 알 수 있습니다.

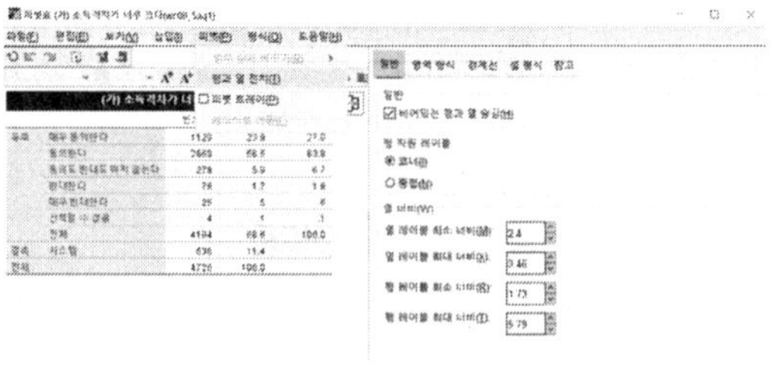

원하는 형태로 편집이 완료되었으면 '피벗 테이블 편집기'를 닫고, **출력결과 [문서]창**으로 돌아옵니다. 열과 행이 변경된 상태를 확인할 수 있습니다.

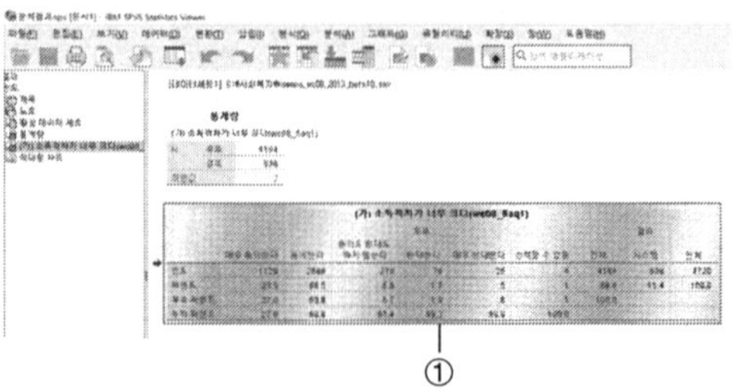

① 열과 행이 바뀌어 나타났습니다.

3. 이번에는 글자 모양을 바꾸어 보겠습니다. 한글워드에서 **[모양] → 글자 모양** 메뉴로 글자 모양을 바꾸는 것과 비슷하다고 생각하면 됩니다.

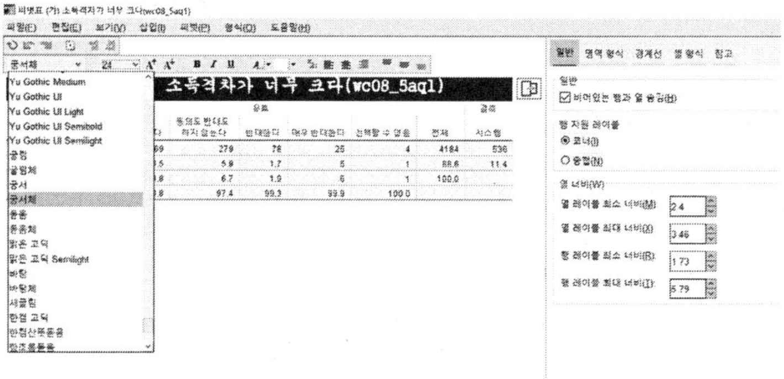

'**피벗 테이블 편집기**'에서 제목표를 더블 클릭하여 편집할 수 있는 상태로 만드세요. 그리고 상단의 [서식도구모음] 대화상자에서 글자 크기와 글꼴을 바꾸어 표 제목에 알맞게 만들어 봅시다.

일단 글자 모양에서 '궁서체'를 클릭하세요.

4. 아래 화면에서 제목이 궁서체로 바뀐 모습을 볼 수 있습니다. 그 다음에는 글자 크기를 바꾸어 봅시다. 도구상자에서 글자 크기를 '36'으로 바꾸어 봅시다. 이전화면과 비교하여 글씨가 커졌습니다.

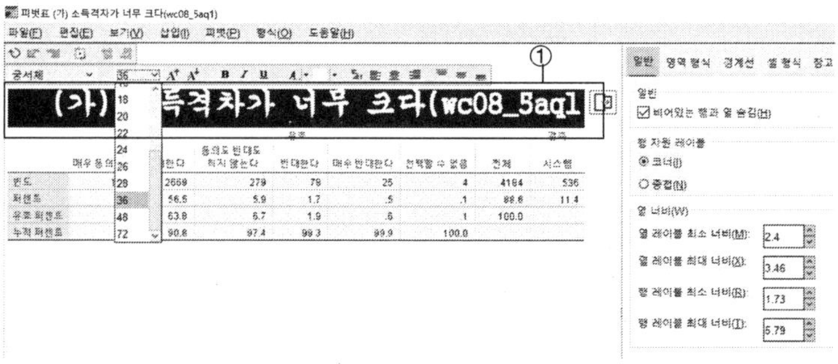

① 제목이 궁서체, 36포인트 크기로 바뀌었습니다.

차트를 멋있게 편집하는 방법

차트나 그래프를 다양한 방법(색상의 변화, 다양한 유형의 폰트, 수직 및 수평축의 변환, 3차원의 입체적 표현, 그래프의 크기)으로 편집할 수 있습니다.

앞서 예시했던 예제 중 다음 두 변수(소득격차인식1과 소득격차인식2)의 관계를 차트로 나타내 보겠습니다. 주로 많이 사용하는 막대형 차트(B) 그리기 방법을 설명하겠습니다. 따라 배우면서 그래프를 자유자재로 만드는 방법을 공부해 보세요.

문 4) 귀하는 다음 각각의 의견에 대해 얼마나 동의하십니까? 혹은 그렇지 않습니까?
(※ ㉮~㉱ 항목별로 각각 작성해 주십시오.)

항목	매우 동의한다	동의한다	동의도 반대도 하지 않는다	반대한다	매우 반대한다	선택할 수 없음
㉮ 우리나라는 소득격차가 너무 크다.	①	②	③	④	⑤	⑥
㉯ 고소득자와 저소득자 사이의 소득격차를 줄이는 것은 정부의 책임이다.	①	②	③	④	⑤	⑥

1. SPSS 데이터 편집기 창에서 **[파일(F)] →열기(O)**를 열어 예제 데이터 'Koweps_wc08_2013_beta10.sav'를 불러오세요.

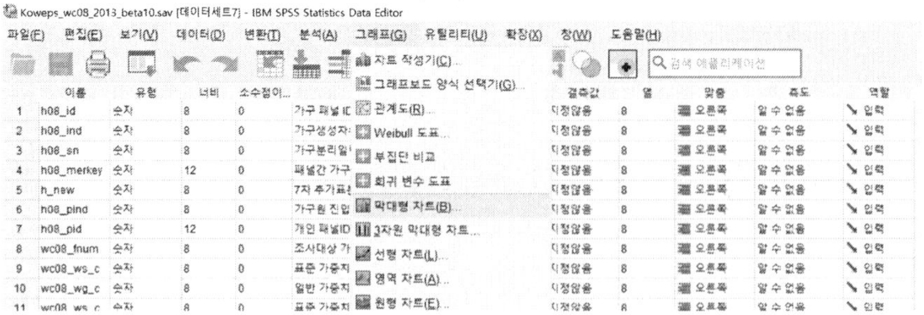

SPSS의 그래프(G) 메뉴

그런 다음 메뉴에서 **[그래프(G)] →막대형 차트(B)...**를 선택하면 막대형 차트 대화상자가 열립니다.

2. 막대형 차트 대화상자에서는 그래프 표시 형태를 결정합니다. 여기에서는 〈수직누적〉을 선택하고, 도표에 표시할 데이터 방법은 케이스 집단들의 요약값으로 지정한 뒤 〈정의〉를 눌러줍니다.

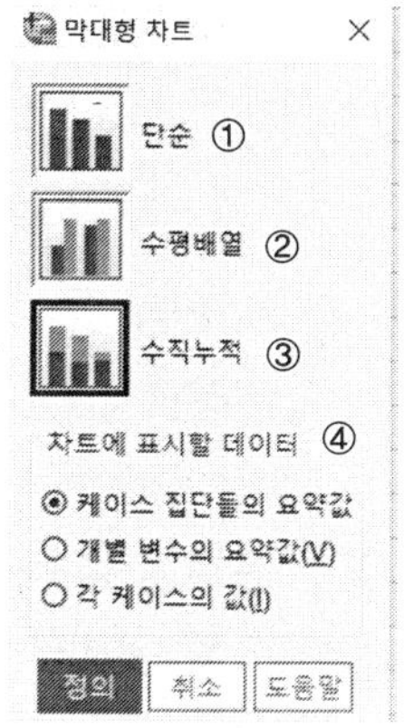

그래프의 형태를 지정하는 막대형 차트 대화상자

① 단순 : 설정한 변수나 사례 수에 따라 각각의 변수값을 따로 그래프로 표현합니다.

② 수평배열 : 설정한 변수값과 사례수의 집단을 각각 하나씩의 그래프로 독립적으로 표현합니다.

③ 수직누적 : 설정한 변수값과 사례수의 집단을 각각 하나씩의 그래프로 심층적으로 표현합니다.

④ 차트에 표시할 데이터 : 도표의 데이터 차트 안에서의 데이터 표시방법을 지정합니다.

- 케이스 집단들의 요약값(G) : 전체 사례 수와 변수값을 그래프로 표현합니다.
- 개별 변수들의 요약값(V) : 특정하게 설정된 변수만 그래프로 표현합니다.
- 각 케이스의 값(I) : 임의로 설정된 독립적인 사례수의 가치만 그래프로 표현합니다.

3. 차트의 x축과 y축 변수를 정해줄 차례입니다. 수직누적 막대 정의: 케이스 집단들의 요약값 대화상자가 나오면 그래프로 표현할 변수를 마우스로 다음과 같이 지정하고 〈제목(T)...〉단추를 눌러줍니다.

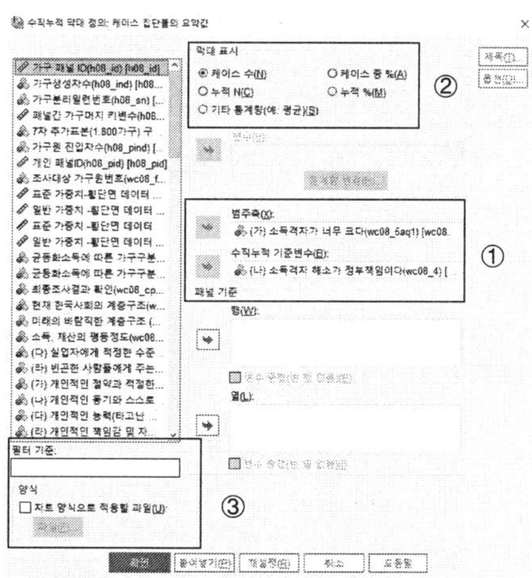

수직누적 막대 정의 : 케이스 집단들의 요약값 대화상자

① 아래의 변수를 클릭하여 버튼 단추를 눌러주세요.

범주축 (<u>X</u>) : '소득격차인식1(wc08_5aq1)' 수직누적 기준변수(<u>B</u>): '소득격차인식2('wc08_4)

② 막대표시 : 그래프의 표시형식을 지정합니다.

- 케이스 수(<u>N</u>) : 사례의 빈도수를 표시합니다.
- 케이스 중 %(<u>A</u>) : 사례의 퍼센트를 표시합니다.
- 누적 N(<u>C</u>) : 사례의 누진 빈도수를 표시합니다.
- 누적 %(<u>M</u>) : 사례의 누진 퍼센트를 표시합니다.
- 기타 통계량(예 평균)(<u>S</u>) : 특정하게 설정한 분석의 가치만 그래프로 표현합니다.

③ 양식 : 다른 그래프와 함께 그래프를 변환할 수 있습니다.

- 차트양식으로 적용할 파일(<u>U</u>) : SPSS의 다른 그래프와 함께 적용하여 그래프를 수정보완 할 수 있습니다.

4. 막대 도표의 제목을 무엇으로 할지 정하는 단계입니다. 제목 대화상자에서 다음과 같이 제목을 입력하고 〈계속〉을 선택합니다.

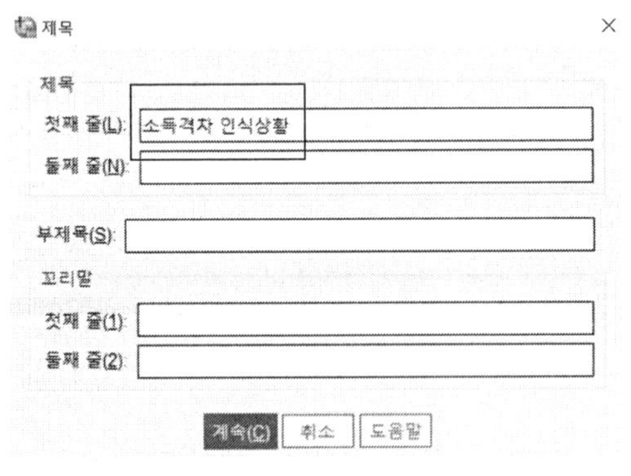

도표의 제목을 지정하는 제목 대화상자

5. 그러면 수직누적 막대도표 정의: 케이스 집단들의 요약값 대화상자가 다시 열립니다.

   여기서 〈옵션(O)...〉 단추를 누르세요. 옵션 대화상자가 열리면 오른쪽과 같이 옵션을 선택하고 〈계속〉을 눌러주세요.

   수직누적 막대도표 정의: 케이스 집단들의 요약값 대화상자가 다시 열리면 〈확인〉단추를 누르세요. 그러면 **출력결과 [문서]창**에 그래프가 나타납니다.

   ① 결측값로 정의된 집단들 출력(D): 무응답치의 값이 표시됩니다.

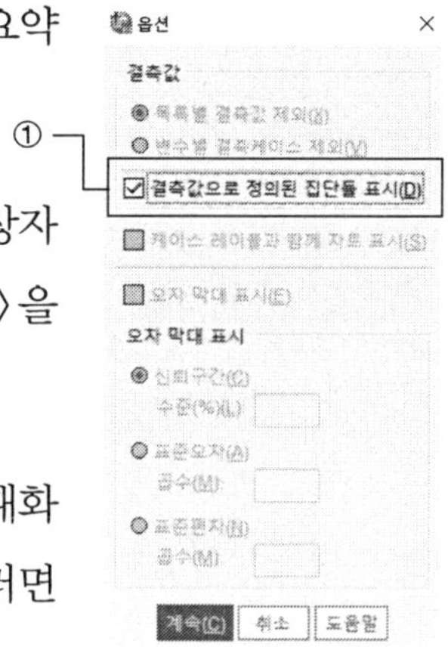

무응답치의 계산 방법을 지정하는 옵션 대화상자

6. 출력결과 [문서]창에 다음과 같이 **막대도표중 <u>수직 누적</u>**으로 표시된 그래프가 나타납니다.

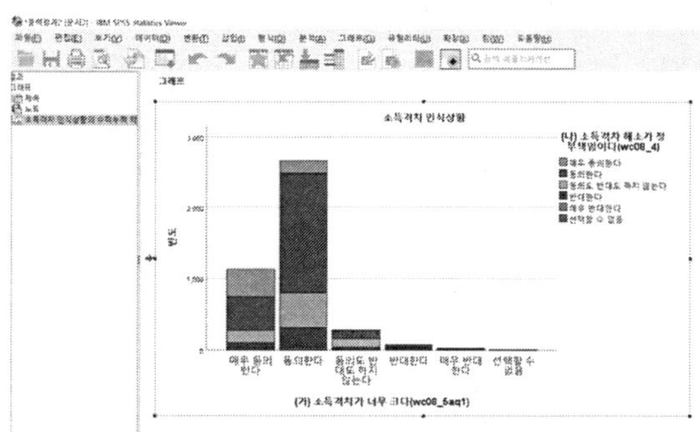

막대도표 중 수직 누적으로 표시된 그래프

SPSS 도움말 이해하기

이제까지 한글 SPSS의 기본적인 기능들을 살펴보았습니다. 하지만 지금까지 배운 내용은 SPSS의 여러 기능 중 일부에 불과합니다. 지면 관계상 자주 사용되는 기초적인 내용만 소개했습니다.

SPSS를 좀 더 깊이 알고 싶으신 분은 SPSS 도움말을 참조하시기 바랍니다. SPSS 도움말은 책 한 권의 분량이 넘지만 실행 과정을 그림으로도 보여주기 때문에 초보자라도 충분히 이해할 수 있습니다.

SPSS의 **[도움말(H)]** 메뉴는 여러 형태가 있으며, 사용자가 편리한 방법을 선택하여 참조하시기 바랍니다.

도움말 항목(P)

1. SPSS 데이터 편집기창에서 **[도움말(H)]** → **항목(P)**를 선택하세요.

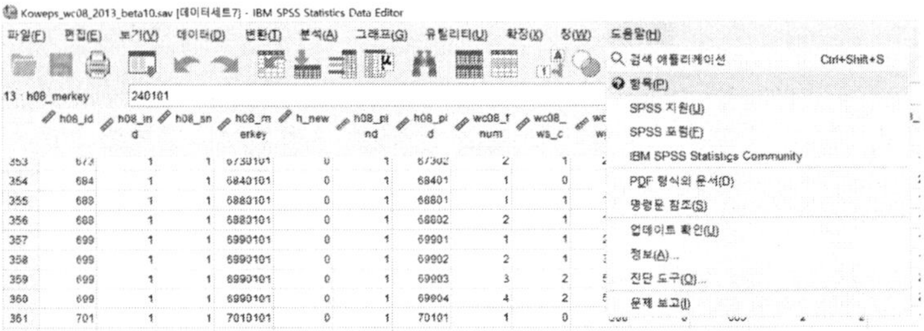

SPSS의 [도움말(H)] 메뉴

2. 여러분의 질문에 단계별로 친절하게 설명을 해주는 도움말 항목: 자습서 대화상자가 나타납니다.

   여기에서 궁금한 항목을 마우스로 더블 클릭합니다.

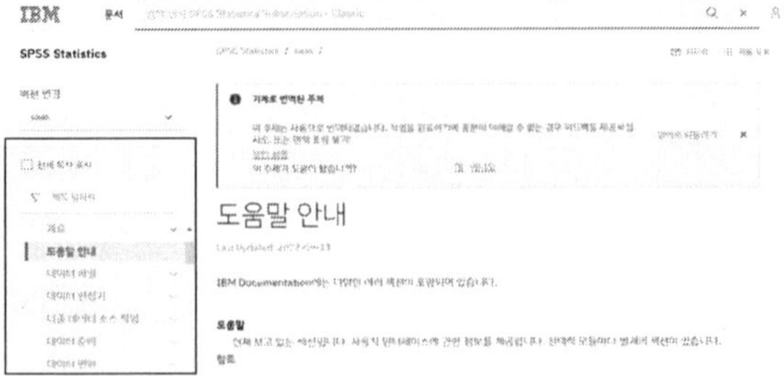

도움말 항목: 자습서 대화상자

3. 도움말 항목: 자습서 대화상자에서 선택한 내용이 다음 그림과 같이 나옵니다.

   내용을 읽어본 후 〈다음(N)〉 단추를 누르면 도움말의 내용이 나옵니다.

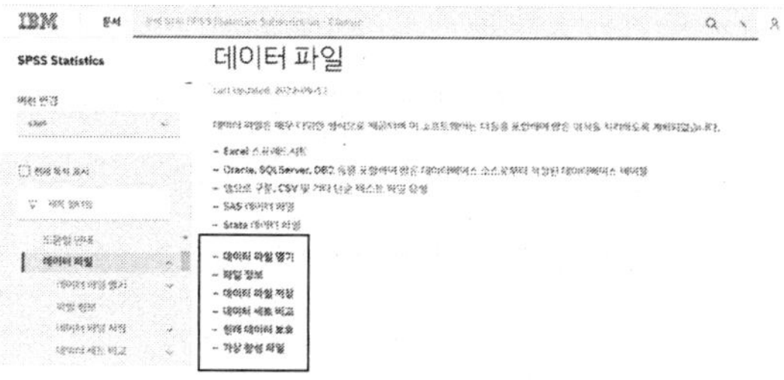

Spss 자습서

02 CHAPTER 데이터 파일 손쉽게 따라 만들기

2장에서는 사회복지 현장에서 조사하였던 설문지를 가지고 SPSS를 활용하는 방법을 소개하겠습니다.
설문 조사한 결과를 SPSS 데이터 파일로 전환하는 방법을 익혀둔다면, 어떤 설문조사를 하더라도 여러분 스스로 문제를 해결할 수 있을 것입니다.
2장에서는 설문지 결과를 SPSS 데이터 파일로 입력하기 전에 데이터 내용을 코딩 양식표에 정리하는 과정, 엑셀을 이용하여 손쉽게 SPSS 데이터 파일로 전환하는 방법 등을 배우겠습니다.

02-1 사회복지 현장에서 실제로 사용한 설문지

SPSS 사용법을 배우려면 조사연구 결과의 데이터가 미리 준비되어 있어야 합니다. 기름 없이 차가 움직이지 않듯이 SPSS도 데이터가 없으면 통계분석을 진행할 수 없습니다. 그러나 현실적으로 직접 조사연구를 실시하여 데이터를 만들기란 그리 쉽지는 않습니다. 이 책에서는 사회복지 현장에서 실제로 조사하였던 조사연구 결과를 '**예제 데이터**'로 제공하려고 합니다.

이 데이터를 사용하여 한글 SPSS 기능을 완전히 습득하시기 바랍니다. 이번 장에서는 설문지를 수거하여 어떤 과정을 거쳐 통계분석의 데이터 파일이 만들어지는지 역추척하여 가르쳐 드릴 것입니다. 여기에서 쌓은 실력을 가지고 직접 조사연구를 실시하여 여러분이 원하는 데이터를 만들어 보시기 바랍니다.

▌조사연구 설문지

다음 설문지는 **2013년 한국복지 패널조사 부가조사(유형5)**에 사용된 설문지 원본입니다. 여러분들이 인터넷에서 다운 받은 **'Koweps_wc08_2013_beta10.sav'** 파일은 다음 설문지로 설문 조사한 결과를 SPSS 데이터로 처리한 것입니다.

일단 여러분이 설문에 응한다고 생각하고 처음부터 끝까지 읽어보시기 바랍니다. 그래야 분석할 때 어떤 설문이었는지 감을 잡게 되니까요. 다음 설문지가 없는 분은 인터넷에서 다운을 받아 인쇄해서 보시기 바랍니다.

승 인 번 호
제 33109 호

이 조사표에 기재된 내용은 통계법 제33조에 의하여 비밀이 보장됩니다

작성기관: 한국보건사회연구원
서울대사회복지연구소

KIHASA

2013년 한국복지패널조사 부가조사(유형5)

안녕하십니까?

한국보건사회연구원과 서울대학교 사회복지연구소는 국무총리실과 보건복지부의 의뢰를 받아 한국복지패널조사를 실시하고 있습니다. 본 조사는 급격히 변화하는 사회환경 속에서 계층별, 연령별 인구집단의 생활실태와 사회복지 욕구를 역동적으로 파악하여 각종 복지정책 수립시 활용할 기초자료를 마련하는데 그 목적이 있습니다.

본 조사는 통계법 제25조에 의거하여 실시·관리되고 조사표에 기입되는 모든 응답내용은 **통계법 제33조 및 제34조에** 의거 통계목적에만 사용되고 그 비밀은 반드시 보장됩니다. 귀댁의 응답은 정부의 올바른 정책수립에 귀중한 기초자료로 이용되오니 시간을 내어 협조해 주시면 대단히 감사하겠습니다.

2013년 1월

〈 문의 및 연락처 〉
한국보건사회연구원 (☏ 02-357-6258, 02-358-9782, 02-380-8273, 8352, 8324)
서울대학교 사회복지연구소 (☏ 02-880-6320)

※ 가구용의 숫자를 그대로 이기					해 당 가 구 원			
가구패널 ID	가구 생성차수	가구분리 일련번호	가구원 진입 차수	개인패널ID [인포시트상의 개인패널ID]	성명	가구원 번호	전화 번호	
							휴대폰	

대리 응답 여부	① 예 ② 아니오	☞ 사유 (번호기재)		※ 대리응답 사유코드	ⓞ 비해당(직접응답) ① 해외거주(기러기부모) ② 여행 및 출장 ③ 병원입소 ④ 가출 ⑤ 별거(가정불화) ⑥ 감옥수감 ⑦ 군대 혹은 전투경찰 ⑧ 사회복지시설 장기입앙 ⑨ 지적장애, 자폐성장애 3급 ⑩ 기타	가구주성명	
						대리응답자	
						성명	가구원번호

주소지	행정코드		______시·도 ______구·시·군 ______동·읍·면
※ 비동거가구원은 거주하는 현주소를 기재함	상세주소	____통·리 ____번지 ____호 (____아파트 ____동 ____층 ____호) ☎ ( ) ____ - ____	

조사표완료 소요시간	총 ______분	총방문횟수	총 ______회	
1차방문	___월 ___일 ___시 ___분	방문결과	① 완료 ② 미완	☞ 사유(번호기재):
2차방문	___월 ___일 ___시 ___분	방문결과	① 완료 ② 미완	☞ 사유(번호기재):
3차방문	___월 ___일 ___시 ___분	방문결과	① 완료 ② 미완	☞ 사유(번호기재):
4차방문	___월 ___일 ___시 ___분	방문결과	① 완료 ② 미완	☞ 사유(번호기재):
최종방문	___월 ___일 ___시 ___분	방문결과	① 완료 ② 미완	☞ 사유(번호기재):

※미완사유코드
ⓞ 비해당(완료)
① 늦은 귀가
② 장기출타
③ 부재중(원인미파악)
④ 일부문항 미완
⑤ 조사거부
⑥ 뇌병변장애
⑦ 지적장애, 자폐성장애 1,2급
⑧ 사망
⑨ 기타

조사원 이름		지도원 확인	① 완료 ② 미완	☞ 사유(번호기재):	지도원	(인)

I. 전반적인 사회적 · 정치적 인식과 태도

다음은 우리 사회의 사회계층과 소득분배와 관련된 질문들입니다.

문 1) 귀하는 오늘날의 한국 사회가 어떤 종류의 사회라고 생각하십니까? 다음 중에서 어떤 그림이 현재의 한국 사회에 가장 근접하다고 생각하십니까? (※ 가로축이 사람 수, 세로축이 계층을 의미합니다.)

① 부자가 약간 있고 가난한 사람이 대부분이고 중간층이 거의 없는 사회
② 부자가 극소수이고 하층으로 갈수록 사람이 많아져 가난한 사람이 많은 사회
③ 가난한 사람이 중간층보다 적고, 부자가 극소수인 사회
④ 중간층이 대다수이고 부자와 가난한 사람이 극소수인 사회
⑤ 부자가 많고 하층으로 갈수록 인구가 줄어 가난한 사람이 극소수인 사회

문 2) 귀하는 아래의 그림 중에서 한국 사회가 어떠한 사회로 되어야 한다고 생각하십니까? (※ 가로축이 사람 수, 세로축이 계층을 의미합니다.)

① 부자가 약간 있고 가난한 사람이 대부분이고 중간층이 거의 없는 사회
② 부자가 극소수이고 하층으로 갈수록 사람이 많아져 가난한 사람이 많은 사회
③ 가난한 사람이 중간층보다 적고, 부자가 극소수인 사회
④ 중간층이 대다수이고 부자와 가난한 사람이 극소수인 사회
⑤ 부자가 많고 하층으로 갈수록 인구가 줄어 가난한 사람이 극소수인 사회

문 3) 우리나라는 소득이나 재산에 있어서 얼마나 평등하다고 생각하십니까?

①·····②·····③·····④·····⑤

① 매우 평등하다 ⑦ 매우 불평등하다

문 4) 귀하는 다음 각각의 의견에 대해 얼마나 동의하십니까? 혹은 그렇지 않습니까? (※ ㉮~㉱ 항목별로 각각 작성해 주십시오.)

항목	매우 동의한다	동의한다	동의도 반대도 하지 않는다	반대한다	매우 반대한다	선택할 수 없음
㉮ 우리나라는 소득격차가 너무 크다.	①	②	③	④	⑤	⑥
㉯ 고소득자와 저소득자 사이의 소득격차를 줄이는 것은 정부의 책임이다.	①	②	③	④	⑤	⑥
㉰ 정부는 실업자에게 적정한 수준의 삶을 제공해야 한다.	①	②	③	④	⑤	⑥
㉱ 정부는 빈곤한 사람들에게 주는 혜택을 줄여야 한다.	①	②	③	④	⑤	⑥

문 5) 귀하는 다음 각각의 항목들이 우리사회의 빈곤 원인에서 얼마나 중요하다고 생각하십니까?
(※ ㉮~㉪ 항목별로 각각 작성해 주십시오.)

항목	매우 중요함	약간 중요함	별로 중요하지 않음	전혀 중요하지 않음
㉮ 개인적인 절약과 적절한 가계(돈)관리 부족	①	②	③	④
㉯ 개인적인 동기와 스스로의 노력 부족	①	②	③	④
㉰ 개인적인 능력(타고난 재능)의 부족	①	②	③	④
㉱ 개인적인 책임감 및 자기규율의 부족(음주, 도박 등)	①	②	③	④
㉲ 개인적인 질환(질병)과 신체적 장애	①	②	③	④
㉳ 개인적인 학력수준의 미흡	①	②	③	④
㉴ 기업과 산업에서의 낮은 임금	①	②	③	④
㉵ 충분한 교육기회 제공의 부족	①	②	③	④
㉶ 좋은 일자리 공급의 미흡	①	②	③	④
㉷ 빈곤층 및 일부 집단에 대한 편견과 차별	①	②	③	④
㉸ 개인적인 불행과 불운(불우한 가족배경 등)	①	②	③	④

다음은 정부의 역할에 대한 평가의견을 묻는 질문입니다.

문 6) 다음에 열거된 각 영역의 정부지출이 늘기를 바라는지 혹은 줄어들기를 바라는지 말씀해 주십시오.
(단, '훨씬 더 많이' 지출이 늘어나는 경우 이를 위해 세금을 더 거둬야 한다는 것을 염두에 두시길 바랍니다.)
(※ ㉮~㉻ 항목별로 각각 작성해 주십시오.)

항목	훨씬 더 많이 지출	좀 더 지출	현재 수준으로 지출	조금 덜 지출	훨씬 덜 지출	선택할 수 없음
㉮ 환경	①	②	③	④	⑤	⑥
㉯ 건강보험 및 보건	①	②	③	④	⑤	⑥
㉰ 국민연금(노령연금)	①	②	③	④	⑤	⑥
㉱ 교육	①	②	③	④	⑤	⑥
㉲ 주거지원	①	②	③	④	⑤	⑥
㉳ 국방	①	②	③	④	⑤	⑥
㉴ 치안 및 사회질서 유지	①	②	③	④	⑤	⑥
㉵ 빈곤층 생활지원	①	②	③	④	⑤	⑥
㉶ 노인 생활지원	①	②	③	④	⑤	⑥
㉷ 장애인 생활지원	①	②	③	④	⑤	⑥
㉸ 아이를 키우는 가족지원	①	②	③	④	⑤	⑥
㉹ 실업대책 및 고용보험(실업급여)	①	②	③	④	⑤	⑥
㉺ 문화와 예술	①	②	③	④	⑤	⑥
㉻ 정부행정업무	①	②	③	④	⑤	⑥

다음은 국가가 제공하는 복지에 관한 의견을 묻는 질문입니다.

문 7) 사회복지를 늘리면 국민들의 일할 의욕이 떨어진다는 의견이 있습니다. 이에 대해 귀하는 어떻게 생각하십니까? ☐

① 매우 그렇다
② 그렇다
③ 대체로 그렇다
④ 보통이다
⑤ 대체로 그렇지 않다
⑥ 그렇지 않다
⑦ 전혀 그렇지 않다

문 8) 귀하는 성장과 분배 중에서 성장이 중요하다고 생각하십니까? 혹은 분배가 중요하다고 생각하십니까? ☐

①――――②――――③――――

① 성장만이 중요하다 ④ 분배만이 중요하다

문 9) 귀하는 다음 각각의 의견에 대해 얼마나 동의하십니까? 혹은 그렇지 않습니까?
(※ ㉮~㉷ 항목별로 각각 작성해 주십시오.)

항목	매우 동의한다	동의한다	동의도 반대도 하지 않는다	반대한다	매우 반대한다
㉮ 경제를 살리기 위해서는 세금을 줄여야 한다.	①	②	③	④	⑤
㉯ 사회복지 확대를 위해서는 세금을 더 거둬야 한다.	①	②	③	④	⑤
㉰ 어린 자녀는 집에서 어머니가 돌봐야 한다.	①	②	③	④	⑤
㉱ 국민기초생활보장 급여를 받는 빈곤층은 대부분 게으르다.	①	②	③	④	⑤
㉲ 복지는 전국민이 아니라 가난한 사람에게만 제한적으로 제공될 필요가 있다.	①	②	③	④	⑤
㉳ 노동능력이 있거나 일자리가 있어도 가난한 사람에게는 국가가 최소생계를 보장해야 한다.	①	②	③	④	⑤
㉴ 부모를 모실 책임은 전적으로 자식에게 있다.	①	②	③	④	⑤
㉵ 국가가 운영하는 건강보험은 최소한의 서비스로 축소시키고, 나머지는 각자 민간의료보험을 이용해서 해결해야 한다.	①	②	③	④	⑤
㉶ 대학교육까지 모든 교육은 무상으로 제공되어야 한다.	①	②	③	④	⑤
㉷ 유치원이나 보육시설은 무상으로 제공되어야 한다.	①	②	③	④	⑤

다음은 복지를 제공하는 여러 부문에 대한 여러분의 견해를 묻는 질문입니다.

문 10) 귀하는 우리나라 정부가 사회정책과 관련된 다음의 각 정책영역에서 얼마나 잘 하고 있다고 생각하십니까? 혹은 그렇지 않다고 생각하십니까? (※ ㉮~㉶ 항목별로 각각 작성해 주십시오.)

정부의 사회정책	매우 잘하고 있다	잘 하고 있는 편이다	보통/그저 그렇다	잘 못하는 편이다	매우 잘못하고 있다
㉮ 아픈 사람에게 의료서비스를 제공하는 것	①	②	③	④	⑤
㉯ 노인들이 적절한 삶의 질을 유지하도록 하는 것	①	②	③	④	⑤
㉰ 장애인의 불편을 덜기 위한 서비스 제공	①	②	③	④	⑤
㉱ 질 높고 충분한 보육서비스를 제공하는 것	①	②	③	④	⑤
㉲ 빈곤 예방 및 감소	①	②	③	④	⑤
㉳ 실업에 대한 대응	①	②	③	④	⑤
㉴ 성평등 수준을 높이는 것	①	②	③	④	⑤
㉵ 모두가 위생적이고 적절한 주택에서 거주할 수 있도록 하는 것	①	②	③	④	⑤
㉶ 인재 육성을 위한 학교교육	①	②	③	④	⑤

문 11) 귀하는 다음 각 분야의 복지서비스를 누가 담당해서 운영하고 전달하는 것이 가장 바람직하다고 생각하십니까? (※ ㉮~㉴ 항목별로 각각 작성해 주십시오.)

분야	국가 (중앙/지방정부)	가족 친지	직장	민간기관 (영리기관)	비영리 민간기관
㉮ 교육	①	②	③	④	⑤
㉯ 보건의료	①	②	③	④	⑤
㉰ 아동	①	②	③	④	⑤
㉱ 노인	①	②	③	④	⑤
㉲ 주거	①	②	③	④	⑤
㉳ 고용	①	②	③	④	⑤
㉴ 장애인	①	②	③	④	⑤

〈 **유의사항** 〉

※ 민간기관(영리기관) : 수익을 목적으로 복지서비스를 제공하는 조직(사립유치원, 유료민간 양로원 및 실버타운, 민간병원 등)

※ 비영리 민간기관 : 수익을 목적으로 하지 않는 기관(복지관, 노인회관 등)

문 12) 귀하는 다음 각 분야의 복지서비스를 위한 재정적인 부담은 누가 담당하는 것이 가장 바람직하다고 생각하십니까? (※ ㉮~㉴ 항목별로 각각 작성해 주십시오.)

분야	국가 (중앙/지방정부)	본인(개인)	가족친지	직장
㉮ 교육	①	②	③	④
㉯ 보건의료	①	②	③	④
㉰ 아동	①	②	③	④
㉱ 노인	①	②	③	④
㉲ 주거	①	②	③	④
㉳ 고용	①	②	③	④
㉴ 장애인	①	②	③	④

Ⅱ. 복지재원 및 대상범위

다음은 세금부담에 관한 질문입니다. 귀하는 오늘날 한국의 세금 수준이 어느 정도라고 생각하십니까?
여기에서 세금은 소득세, 소비세 등을 포함한 모든 종류의 세금을 의미합니다. 단, 사회보험료는 제외됩니다.

문 13) 귀하는 다음 각 소득계층이 현재 내는 세금의 수준은 어떻다고 생각하십니까?
(※ ㉮~㉰ 항목별로 각각 작성해 주십시오.)

소득계층	지나치게 높다	꽤 높다	적절한 편이다	꽤 낮다	너무 지나치게 낮다	선택할 수 없음
㉮ 고소득층	①	②	③	④	⑤	⑥
㉯ 중간층	①	②	③	④	⑤	⑥
㉰ 저소득층	①	②	③	④	⑤	⑥

문 14) 나보다 돈을 많이 벌면서 세금을 적게 내는 사람이 많다고 생각하십니까? □

① 매우 그렇다
② 그렇다
③ 대체로 그렇다
④ 보통이다
⑤ 대체로 그렇지 않다
⑥ 그렇지 않다
⑦ 전혀 그렇지 않다

문 15) 복지예산을 늘리기 위해 세금을 더 걷어야한다는 주장에 대해 찬성하십니까? 혹은 반대하십니까? □

① 매우 찬성한다
② 찬성한다
③ 대체로 찬성한다
④ 보통이다
⑤ 대체로 반대한다
⑥ 반대한다
⑦ 매우 반대한다

문 16) 귀하는 국가가 노인, 아동, 장애인 등에게 복지서비스를 제공하기 위해 필요한 돈을 어떻게 마련하는 것이 가장 바람직하다고 생각하십니까? □

① 복지서비스를 받는 사람이 서비스 이용 요금을 내서
② 국민 모두가 세금을 내서
③ 돈이 많은 사람들이 세금을 더 내서
④ 기업이 세금, 기부금 등을 내서
⑤ 종교단체 등이 기부금 등을 내서
⑥ 기타(적을 것 : ____________________)

다음은 국가가 징수한 세금을 어떻게 쓸 것인가에 관한 의견을 묻는 질문입니다.

문 17) 국가가 세금을 걷어서 의료, 연금 등의 사회보험이나 육아나 양로와 같은 사회서비스를 제공할 때, 모든 국민을 대상으로 하는 방안과 가난한 사람들만을 대상으로 하는 방안이 있습니다. 어느 방안으로 실시하는 것이 옳다고 생각하십니까?
(※모든 국민을 대상으로 하는 방안이 옳다고 생각할수록 ①로, 가난한 사람들을 대상으로 하는 방안이 옳다고 생각할수록 ⑤로 기입해 주십시오.)

①――――②――――③――――

① 모든 국민대상 ⑤ 가난한 사람들을 대상

문 18) 국민이 낸 세금을 다음과 같은 사회문제의 해결을 위해 쓴다고 할 때, 어디에 주로 쓰여야 한다고 생각하시는지 순서대로 두 가지만 골라 주십시오.

1순위		2순위	

① 노후생활문제
② 건강 및 의료문제
③ 실업문제
④ 교육문제
⑤ 아동양육문제
⑥ 장애인 문제
⑦ 주거문제
⑧ 빈곤
⑨ 기타(적을 것: ______________________)

Ⅲ. 정치참여와 성향

다음은 정치참여와 성향에 관한 질문입니다.

문 19) 귀하는 개인적으로 정치에 어느 정도 관심이 있으십니까?

① 매우 관심이 있다
② 상당히 관심이 있다
③ 다소 관심이 있다
④ 별로 관심이 없다
⑤ 전혀 관심이 없다
⑥ 선택할 수 없음

문 20) 귀하는 한국의 정치상황에 대해 어느 정도 만족 또는 불만족하십니까?

① 매우 만족
② 다소 만족
③ 만족도 불만족도 아니다
④ 다소 불만족
⑤ 매우 불만족
⑥ 선택할 수 없음

문 21) 귀하는 자신이 정치적으로 어느 정도 진보적 또는 보수적이라고 생각하십니까?

① 매우 진보적
② 다소 진보적
③ 중도
④ 다소 보수적
⑤ 매우 보수적
⑥ 선택할 수 없음

설문지를 수거하고 나면 그 다음 과정은?

설문지로 설문조사를 하고 나면 그 다음엔 무엇을 할까요? 바로 SPSS 데이터 편집기 창에 설문 결과를 입력하나요? 그렇지는 않습니다.

조사연구를 실시한 후 통계분석 전 단계까지의 과정을 한번 살펴봅시다. 인터넷에서 다운 받은 'Koweps_wc08_2013_beta10.sav' 파일도 다음과 같은 단계를 거쳐서 만들어졌습니다.

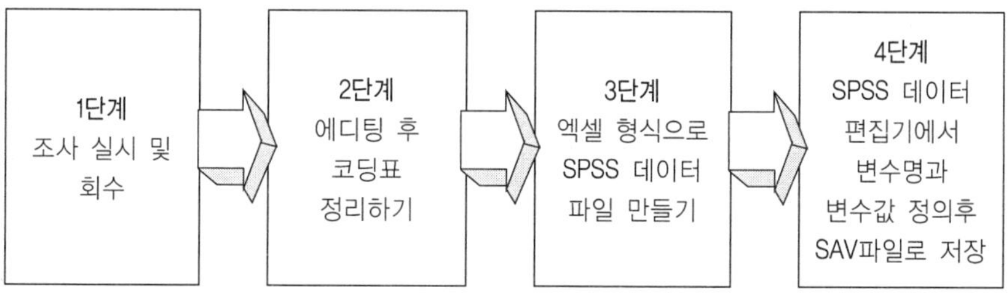

02-2 설문결과를 코딩표로 정리하기

코딩이란 무엇인가?

설문지를 수거하면 먼저 코딩(Coding)을 해야합니다. 설문지의 데이터를 일정한 규칙에 따라 정리하는 단계를 코딩이라 합니다. 코딩 과정에서는 각 변수값에 대해 적절한 코딩값을 할당하고, 데이터에 포함되어 있는 오류나 혼동되는 점을 반드시 제거해야 합니다.

코딩을 보다 효과적으로 해나가려면 코딩 양식표(Coding Scheme)를 작성해야 합니다. 그런 다음 코딩 양식표에 따라 코딩지에 데이터를 입력합니다. 데이터가 간단한 경우에는 코딩을 생략하고 직접 데이터 파일을 작성할 수도 있으나, 가급적 코딩 절차를 거치는 것이 입력 오류를 최대한으로 줄일 수 있습니다.

설문지 한 장 한 장을 케이스(Case)라고 합니다. 100명에게 설문조사를 했다면 100개의 케이스가 만들어지는 셈이죠. 또 설문지 각 항목을 변수라 하며, 각 케이스의 각 변수에 해당하는 값을 변수값이라 합니다.

아래의 설문지와 같이 **2013년 한국복지 패널조사 부가조사(유형5)**에 관한 의식조사를 할 경우에 응답자 개개인을 '케이스'라 하고, 근로의욕 감소 정도의 질문을 '변수'라 하며, ① 매우 그렇다, ② 그렇다, ③ 대체로 그렇다, ④ 보통이다, ⑤ 대체로 그렇지 않다, ⑥ 그렇지 않다, ⑦ 전혀 그렇지 않다 등의 항목을 '변수값'이라 합니다.

문 7) 사회복지를 늘리면 국민들의 일할 의욕이 떨어진다는 의견이 있습니다. 이에 대해 귀하는 어떻게 생각하십니까? □

① 매우 그렇다
② 그렇다
③ 대체로 그렇다
④ 보통이다
⑤ 대체로 그렇지 않다
⑥ 그렇지 않다
⑦ 전혀 그렇지 않다

성의 없이 작성되었거나 신뢰성이 의심되는 설문지 데이터는 코딩 과정에서 기본적으로 제외시킵니다. 즉, 앞뒤의 문항 사이에 모순이 있는 케이스나 응답하지 않은 문항이 많은 설문지는 제외시킵니다.

조사 연구 담당자가 한 가지만을 답하도록 요구하였으나 응답자가 두 가지 이상 답한 설문지가 종종 나옵니다. 어쨌든 하나의 항목만을 코딩하여야 하므로 앞뒤 문항을 읽어보고 한 가지만을 골라내거나, 이것이 여의치 않을 경우는 무작위로 하나만 남기고 나머지는 제거시키거나, 전부 무응답으로 처리합니다.

응답자가 특정 문항에 응답을 하지 않은 경우에 할당되는 코딩값을 '무응답치'라고 하며, 크게 '시스템 무응답치'와 '사용자 무응답치'로 나눌 수 있습니다. 보통 9나 99로 표현합니다.

코딩 양식표 작성법

SPSS를 사용하려면 설문결과의 데이터는 반드시 숫자로 정리해야 합니다. 또한 설문지의 질문 항목에 따라 변수의 위치를 지정해 주어야 합니다. 그리고 변수의 자리수는 설문 내용과 조사 연구 담당자의 판단에 따라서 다르게 표현할 수도 있습니다.

설문지를 보고 작성한 코딩 양식표는 아래와 같습니다. 코딩 양식표는 조사 담당자의 취향에 따라 다양한 방식으로 작성할 수 있습니다. 그렇지만 아래에 제시되는 몇 가지 작성 원칙은 기본적으로 지켜야 합니다.

2013년 한국복지 패널조사 부가조사(유형5) 코딩표

코딩표 작성일	2021년 월 일
코딩표 작성자	
편칭표 작업자	

①

① 코딩표 형식표 : 코딩 작성일과 코딩표 작성자, 펀칭 작업자를 기록합니다. 입력 에러가 발생할 때 책임 소재를 명확하게 하기 위해서 필요한 양식표입니다. 보통 코딩표 작성자와 펀칭 작업자를 따로 구분시켜 입력에러를 방지합니다. 펀칭이란 조사한 설문 결과를 컴퓨터에 입력하는 작업을 말합니다.

	⑤			⑥				
② 변수순서	1-3	4	5	6	7	8	9
③ 설문지 변수명	일련번호	문1	문2	문3	문4가	문4나	문4다
④ 응답내용	0 0 1	5	5	5	1	1	1

② 변수순서 : 변수순서는 조사연구의 질문 순서에 따라 임의로 분류한 일종의 '순서표'라고 생각하면 됩니다. 보통 '1'부터 시작하면 됩니다. 그리고 응답내용의 항목 수에 따라서 순서표의 번호를 지정하면 됩니다. 변수순서는 조사 담당자가 임의로 분류할 수 있으나, 보통 조사연구 설문지의 순서에 따라 분류하는 것이 관례입니다.

③ 설문지 변수명 : 설문지의 질문내용을 쉽게 판단할 수 있도록 압축하여 한두 단어로 표현합니다. 여기에서는 설문지의 문항 번호 순으로 설문지 변수명을 표현합니다.

④ 응답내용 : 설문지의 답변내용을 숫자 데이터로 입력합니다. 질문 항목에 따라 응답내용의 변수 기입 칸수가 달라집니다. 예를 들어, 응답항목이 한 자리수일때는 1칸이지만, 응답항목이 두 자리수를 넘을 때는 2칸의 자리수를 차지합니다.

⑤ 나중에 데이터 오류를 찾기 위하여 각 케이스의 일련번호를 반드시 입력해야 합니다. 설문 조사의 경우 설문지에 일련번호 기록란이 없더라도 설문지를 다 수거하면 조사자가 임의적으로 일련번호를 붙여야 합니다. 예를 들어, 100명의 표본 크기로 여론조사를 실시했다면, 위의 코딩 양식표에서 보는 바와 같이 변수 자리 1~3번까지 지정해 줍니다. 표본의 크기에 따라 일련번호 응답 자리수가 달라집니다.

⑥ 변수순서 4~6번은 아래 설문 응답을 코딩 양식표로 작성한 것입니다. 즉, 질문내용의 응답항목이 한 자리수를 넘지 않기 때문에 응답 자리수를 한 자리로 지정했습니다.

문 1) 귀하는 오늘날의 한국 사회가 어떤 종류의 사회라고 생각하십니까? 다음 중에서 어떤 그림이 현재의 한국 사회에 가장 근접하다고 생각하십니까? **(※ 가로축이 사람 수, 세로축이 계층을 의미합니다.)** ☐

① 부자가 약간 있고 가난한 사람이 대부분이고 중간층이 거의 없는 사회
② 부자가 극소수이고 하층으로 갈수록 사람이 많아져 가난한 사람이 많은 사회
③ 가난한 사람이 중간층보다 적고, 부자가 극소수인 사회
④ 중간층이 대다수이고 부자와 가난한 사람이 극소수인 사회
⑤ 부자가 많고 하층으로 갈수록 인구가 줄어 가난한 사람이 극소수인 사회

변수순서	10	11	12	13	14	15	16
설문지 변수명	문4라	문5가	문5나	문5다	문5라	문5마	문5바
응답내용	5	2	2	2	2	1	2

변수순서	17	18	19	20	21
설문지 변수명	문5사	문5아	문5자	문5차	문5카
응답내용	1	1	1	1	1

⑦ 변수순서 11~21번은 다음 설문응답을 코딩 양식표로 작성한 것입니다. 즉, 질문내용의 응답항목이 한 자리수를 넘지 않기 때문에 응답 자리수를 한 자리로 지정했습니다.

변수순서 11~21번

문 5) 귀하는 다음 각각의 항목들이 우리사회의 빈곤 원인에서 얼마나 중요하다고 생각하십니까?
(※ ㉮~㉶ 항목별로 각각 작성해 주십시오.)

항목	매우 중요함	약간 중요함	별로 중요하지 않음	전혀 중요하지 않음
㉮ 개인적인 절약과 적절한 가계(돈)관리 부족	①	②	③	④
㉯ 개인적인 동기와 스스로의 노력 부족	①	②	③	④
㉰ 개인적인 능력(타고난 재능)의 부족	①	②	③	④
㉱ 개인적인 책임감 및 자기규율의 부족(음주, 도박 등)	①	②	③	④
㉲ 개인적인 질환(질병)과 신체적 장애	①	②	③	④
㉳ 개인적인 학력수준의 미흡	①	②	③	④
㉴ 기업과 산업에서의 낮은 임금	①	②	③	④
㉵ 충분한 교육기회 제공의 부족	①	②	③	④
㉶ 좋은 일자리 공급의 미흡	①	②	③	④
㉷ 빈곤층 및 일부 집단에 대한 편견과 차별	①	②	③	④
㉸ 개인적인 불행과 불운(불우한 가족배경 등)	①	②	③	④

변수순서	22	23	24	25	26	27
설문지 변수명	문6가	문6나	문6다	문6라	문6마	문6바
응답내용	1	1	1	1	3	2

변수순서	28	29	30	31	32
설문지 변수명	문6사	문6아	문6자	문6차	문6카
응답내용	1	1	1	1	1

⑧ 변수순서 22~32번은 다음 설문 내용을 코딩 양식표로 작성한 것입니다. 설문지에서는 하나의 질문이지만 문6가~문6카까지 11개 질문을 한 것과 마찬가지로 11개의 변수로 나누어 코딩합니다. 또 응답 항목이 두 자리수를 넘지 않기 때문에 응답 자리수는 한 자리로 지정했습니다.

변수순서 22~32번

문 6) 다음에 열거된 각 영역의 정부지출이 늘기를 바라는지 혹은 줄어들기를 바라는지 말씀해 주십시오.
(단, '훨씬 더 많이' 지출이 늘어나는 경우 이를 위해 세금을 더 거둬야 한다는 것을 염두에 두시길 바랍니다.)
(※ ㉮~㉻ 항목별로 각각 작성해 주십시오.)

항목	훨씬 더 많이 지출	좀 더 지출	현재 수준으로 지출	조금 덜 지출	훨씬 덜 지출	선택할 수 없음
㉮ 환경	①	②	③	④	⑤	⑥
㉯ 건강보험 및 보건	①	②	③	④	⑤	⑥
㉰ 국민연금(노령연금)	①	②	③	④	⑤	⑥
㉱ 교육	①	②	③	④	⑤	⑥
㉲ 주거지원	①	②	③	④	⑤	⑥
㉳ 국방	①	②	③	④	⑤	⑥
㉴ 치안 및 사회질서 유지	①	②	③	④	⑤	⑥
㉵ 빈곤층 생활지원	①	②	③	④	⑤	⑥
㉶ 노인 생활지원	①	②	③	④	⑤	⑥
㉷ 장애인 생활지원	①	②	③	④	⑤	⑥
㉸ 아이를 키우는 가족지원	①	②	③	④	⑤	⑥
㉹ 실업대책 및 고용보험(실업급여)	①	②	③	④	⑤	⑥
㉺ 문화와 예술	①	②	③	④	⑤	⑥
㉻ 정부행정업무	①	②	③	④	⑤	⑥

변수순서	33	34	35
설문지 변수명	문6타	문6파	문6하
응답내용	1	1	3

변수순서	36	37
설문지 변수명	문7	문8
응답내용	1	1

변수순서	38	39	40	41	42	43
설문지 변수명	문9가	문9나	문9다	문9라	문9마	문9바
응답내용	5	1	3	5	1	1

변수순서	44	45	46	47
설문지 변수명	문9사	문9아	문9자	문9차
응답내용	5	5	1	1

변수순서	48	49	50	51	52	53
설문지 변수명	문10가	문10나	문10다	문10라	문10마	문10바
응답내용	2	3	4	3	3	3

변수순서	54	55	56
설문지 변수명	문10사	문10아	문10자
응답내용	3	2	3

변수순서	57	58	59	60	61	62
설문지 변수명	문11가	문11나	문11다	문11라	문11마	문11바
응답내용	1	1	1	1	1	1

변수순서	63
설문지 변수명	문11사
응답내용	1

변수순서	64	65	66	67	68	69
설문지 변수명	문12가	문12나	문12다	문12라	문12마	문12바
응답내용	1	1	1	1	1	1

변수순서	70
설문지 변수명	문12사
응답내용	1

변수순서	71	72	73
설문지 변수명	문13가	문13나	문13다
응답내용	4	3	3

변수순서	74	75	76	77	78	79
설문지 변수명	문14	문15	문16	문17	문18가	문18나
응답내용	1	1	2	2	1	2

변수순서	80	81	82
설문지 변수명	문19	문20	문21
응답내용	1	5	1

다중응답 코딩법은 무엇인가요?

다음은 두 개 이상의 답을 선택하도록 구성된 다중응답의 질문입니다. 다중응답 질문의 코딩방식은 크게 〈중복법〉과 〈이분법〉의 방식이 있습니다.

문 18) 국민이 낸 세금을 다음과 같은 사회문제의 해결을 위해 쓴다고 할 때, 어디에 주로 쓰여야 한다고 생각하시는지 순서대로 두 가지만 골라 주십시오.

1순위		2순위	

① 노후생활문제
② 건강 및 의료문제
③ 실업문제
④ 교육문제
⑤ 아동양육문제
⑥ 장애인 문제
⑦ 주거문제
⑧ 빈곤
⑨ 기타(적을 것: ______________________)

중복법에 의한 코딩양식

변수순서	78	79
설문지 변수명	문18가	문18나
응답내용	1	2

이분법에 의한 코딩양식 (0=선택 안 함, 1=선택)

변수순서	1	2	3	4	5	6	7	8	9
설문지 변수명	항목1	항목2	항목3	항목4	항목5	항목6	항목7	항목8	항목9
응답내용	1	1	0	0	0	0	0	0	0

02-3 데이터 파일 손쉽게 따라 만들기

설문 결과를 코딩 양식표로 정리한 후 엑셀에서 입력하여 SPSS를 쓸 수 있는 파일 형식으로 바꾸는 법에 대해 설명하겠습니다.

데이터 편집기 창에서 변수명과 변수값을 정의하는 방법도 다시 한번 설명하겠습니다. 다음에서 설명하는 '**데이터 파일 손쉽게 따라 만들기**'는 어떠한 통계분석 기법을 사용하더라도 반드시 거쳐야 하는 과정입니다. 조금 지루할지도 모르겠습니다. 하지만 기초가 튼튼해야 어떤 데이터를 접하더라도 당황하지 않고 처리할 수 있습니다. 컴퓨터를 켜고 무작정 따라 해보세요.

다음은 조사연구 설문결과를 코딩 양식표에 기입해 놓은 것입니다. 실습시간을 절약하기 위해 하나의 케이스만 엑셀에 입력하여 원리를 익혀 보겠습니다.

2013년 한국복지 패널조사 부가조사(유형5) 코딩표

코딩표 작성일	2021년 월 일
코딩표 작성자	
편칭표 작업자	

변수순서	1-3			4	5	6	7	8	9
설문지 변수명	일련번호			문1	문2	문3	문4가	문4나	문4다
응답내용	0	0	1	5	5	5	1	1	1

변수순서	10	11	12	13	14	15	16
설문지 변수명	문4라	문5가	문5나	문5다	문5라	문5마	문5바
응답내용	5	2	2	2	2	1	2

변수순서	17	18	19	20	21
설문지 변수명	문5사	문5아	문5자	문5차	문5카
응답내용	1	1	1	1	1

변수순서	22	23	24	25	26	27
설문지 변수명	문6가	문6나	문6다	문6라	문6마	문6바
응답내용	1	1	1	1	3	2

변수순서	28	29	30	31	32
설문지 변수명	문6사	문6아	문6자	문6차	문6카
응답내용	1	1	1	1	1

변수순서	33	34	35
설문지 변수명	문6타	문6파	문6하
응답내용	1	1	3

변수순서	36	37
설문지 변수명	문7	문8
응답내용	1	1

변수순서	38	39	40	41	42	43
설문지 변수명	문9가	문9나	문9다	문9라	문9마	문9바
응답내용	5	1	3	5	1	1

변수순서	44	45	46	47
설문지 변수명	문9사	문9아	문9자	문9차
응답내용	5	5	1	1

변수순서	48	49	50	51	52	53
설문지 변수명	문10가	문10나	문10다	문10라	문10마	문10바
응답내용	2	3	4	3	3	3

변수순서	54	55	56
설문지 변수명	문10사	문10아	문10자
응답내용	3	2	3

변수순서	57	58	59	60	61	62
설문지 변수명	문11가	문11나	문11다	문11라	문11마	문11바
응답내용	1	1	1	1	1	1

변수순서	63
설문지 변수명	문11사
응답내용	1

변수순서	64	65	66	67	68	69
설문지 변수명	문12가	문12나	문12다	문12라	문12마	문12바
응답내용	1	1	1	1	1	1

변수순서	70
설문지 변수명	문12사
응답내용	1

변수순서	71	72	73
설문지 변수명	문13가	문13나	문13다
응답내용	4	3	3

변수순서	74	75	76	77	78	79
설문지 변수명	문14	문15	문16	문17	문18가	문18나
응답내용	1	1	2	2	1	2

변수순서	80	81	82
설문지 변수명	문19	문20	문21
응답내용	1	5	1

코딩 양식표를 데이터 파일로 전환하기

이렇게 작성된 코딩 양식표에 조사한 설문지 응답결과를 케이스별로 일일이 기입합니다. 그런 다음 엑셀을 실행시켜 코딩 양식표의 순서대로 데이터를 입력합니다.

한 가지 사례 수만 정리해 보겠습니다. 여기서는 시간 절약을 위해서 변수 자리 수 1~21까지만 입력하여 데이터 파일이 어떻게 만들어지는지를 직접 따라해 보시기 바랍니다.

변수순서	1-3			4	5	6	7	8	9
설문지 변수명	일련번호			문1	문2	문3	문4가	문4나	문4다
응답내용	0	0	1	5	5	5	1	1	1

변수순서	10	11	12	13	14	15	16
설문지 변수명	문4라	문5가	문5나	문5다	문5라	문5마	문5바
응답내용	5	2	2	2	2	1	2

변수순서	17	18	19	20	21
설문지 변수명	문5사	문5아	문5자	문5차	문5카
응답내용	1	1	1	1	1

1. 엑셀을 실행하세요. 조사 코딩표의 순서에 따라 정확하게 입력하세요. 각 셀에 맞게 변수와 변수값을 입력합니다.

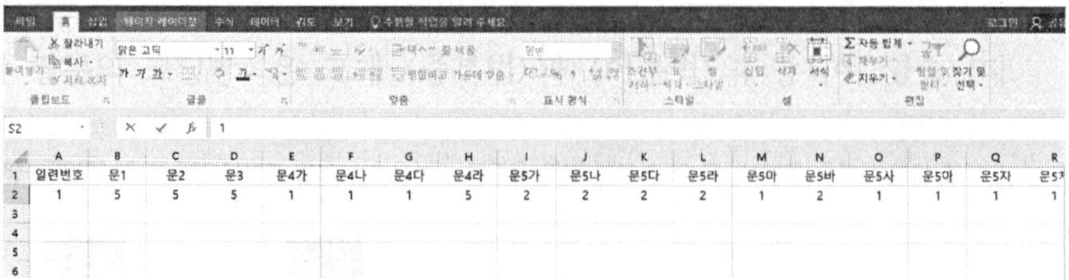

엑셀 입력화면

2. 엑셀에서 입력을 다 마쳤으면 SPSS에서 쓸 수 있는 형태로 저장해야 합니다.

   [파일] → 다른 이름으로 저장 메뉴를 클릭하세요.

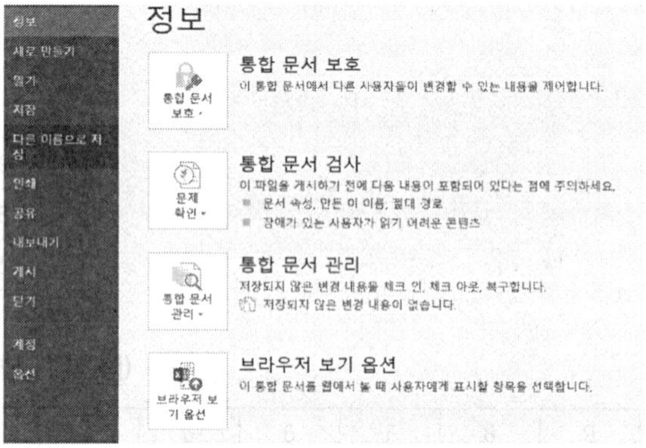

다른 이름으로 저장 메뉴를 선택합니다

3. 그러면 다른 이름으로 대화상자가 나타납니다. 파일 이름을 적습니다. 여기서는 '**실습 데이터**'로 적었습니다.

   끝으로 〈저장〉을 누르면 SPSS에서 이용할 수 있는 엑셀 파일 형태로 바뀝니다. 엑셀 파일 이름은 '**실습 데이터**'로 만들어지겠죠?

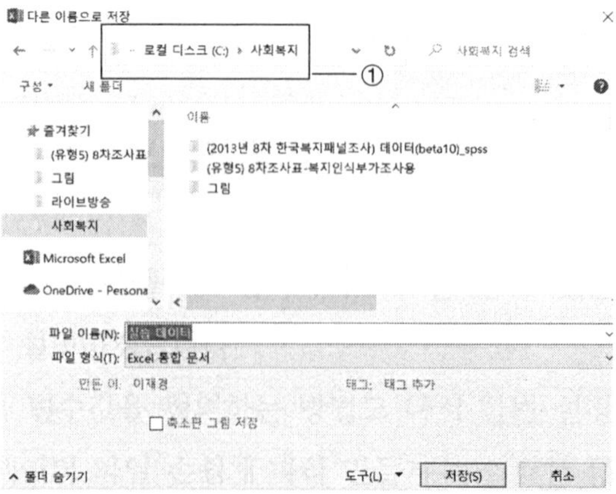

① 경로는 조사 담당자가 저장하기 편한 폴더를 선택합니다. 여기에서는 임의로 'C:₩사회복지' 폴더에 저장하였습니다.

4. 엑셀을 종료하고, 윈도우 바탕화면에 있는 체험판 [IBM SPSS Statistics] 아이콘을 눌러줍니다.

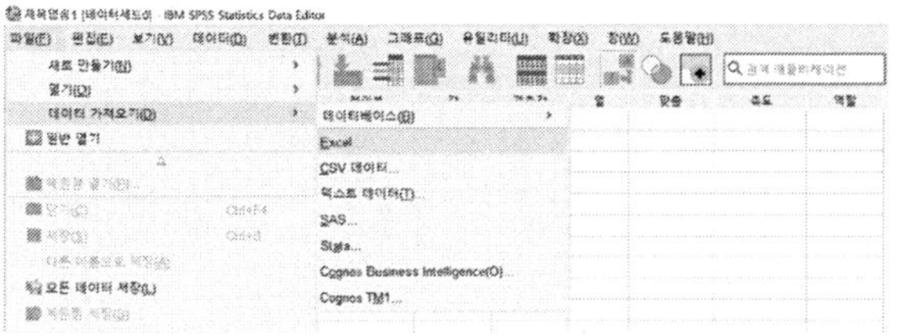

SPSS의 [파일(F)] 메뉴

한글 SPSS 29.0이 실행되면서 **〈제목없음1[데이트세트0]〉** 데이터 편집기 창이 나올 것입니다.

'C:₩사회복지' 폴더에 저장된 '실습 데이터' 파일을 불러올 차례입니다. **[파일(F)] → 데이터 가져오기(D)→ Excel** 메뉴를 선택하세요.

5. 데이터 열기 대화상자가 나옵니다. 파일 유형(T)에서 '모든 파일(*.*)'을 선택한 다음 '실습 데이터.xlsx' 파일이 들어 있는 사회복지 폴더를 더블 클릭합니다.

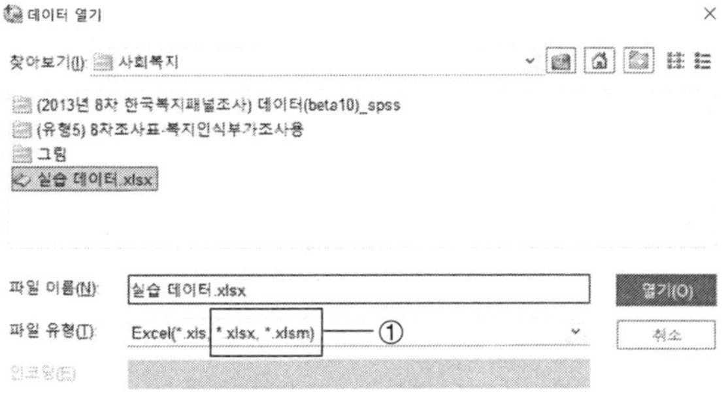

데이터 열기 대화상자

'C:₩사회복지' 폴더에 있는 '실습 데이터.xlsx'를 마우스로 클릭하면 파일 이름(N)에 자동적으로 '실습 데이터'가 입력됩니다. 그리고 〈열기(O)〉를 클릭합니다.

① 여기를 클릭하여 '모든 파일(*.*)'을 선택하세요.

6. Excel 파일 읽기 대화상자가 열립니다. 불러온 **'실습 데이터.xlsx' 파일**이 〈미리 보기〉 창에 표시됩니다.

   데이터 입력 상태를 확인 후 문제가 없으면 〈확인〉을 눌러줍니다.

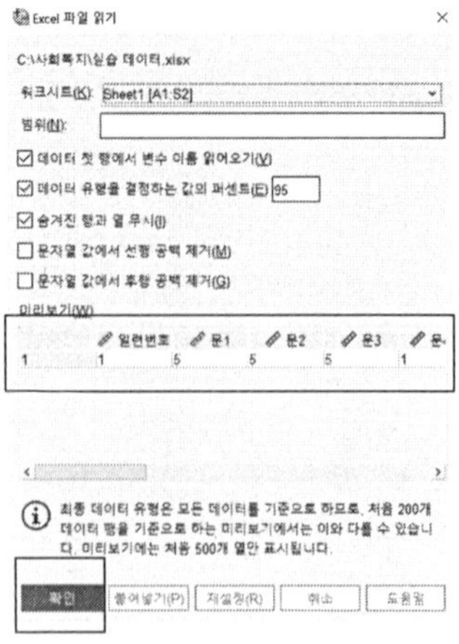

Excel 파일 읽기 대화상자

7. 그럼 다음과 같이 SPSS 데이터 편집기 창에 방금 전에 입력했던 엑셀 파일이 성공적으로 나타날 것입니다.

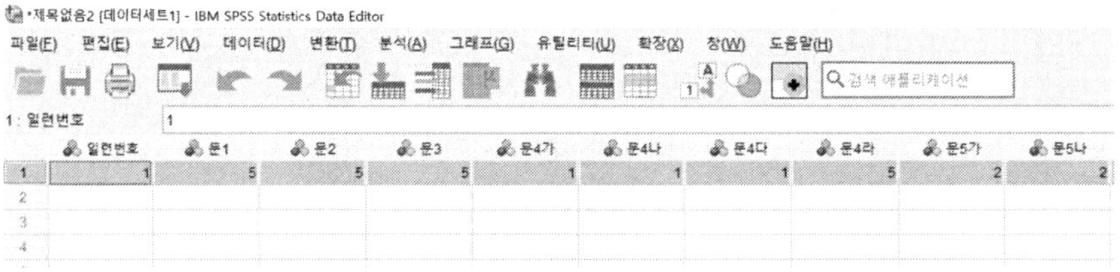

SPSS 데이터 편집기 창

02-4 입력한 변수명과 변수값 확인하기

인터넷에서 다운 받은 'Koweps_wc08_2013_beta10.sav' 파일을 기초로 하여 진행하겠습니다. 아직도 인터넷에서 다운을 받지 않았나요? 빨리 다운을 받아 하드 디스크에 복사해 두세요. 이 책과 똑같이 실습하기 위해 C:(하드디스크) 드라이브의 '사회복지'라는 폴더에 저장하기를 권합니다.

Koweps_wc08_2013_beta10.sav 파일 불러오기

1. 한글 SPSS을 실행한 다음 **[파일(F)] → 열기(O)→데이터(D)...** 메뉴를 선택합니다.

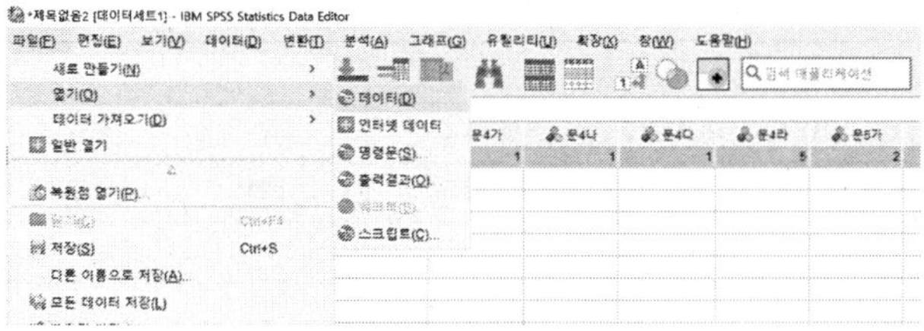

SPSS의 [파일(F)] 메뉴

2. 데이터 열기 대화상자에서 'Koweps_wc08_2013_beta10.sav'파일이 들어 있는 폴더(C:₩사회복지)를 더블 클릭하여 선택하세요. 그리고 'Koweps_wc08_2013_beta10.sav'파일을 찾았으면 클릭하고 〈열기(O)〉를 눌러주세요.

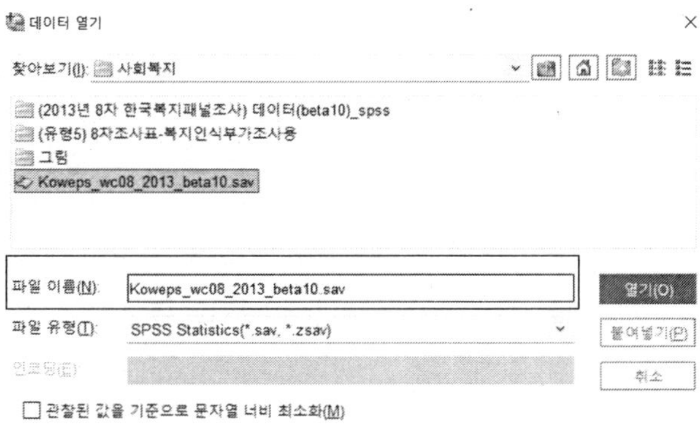

데이터 열기 대화상자

3. 'Koweps_wc08_2013_beta10.sav' 파일의 데이터 내용이 데이터 편집기 창에 나타날 것입니다.

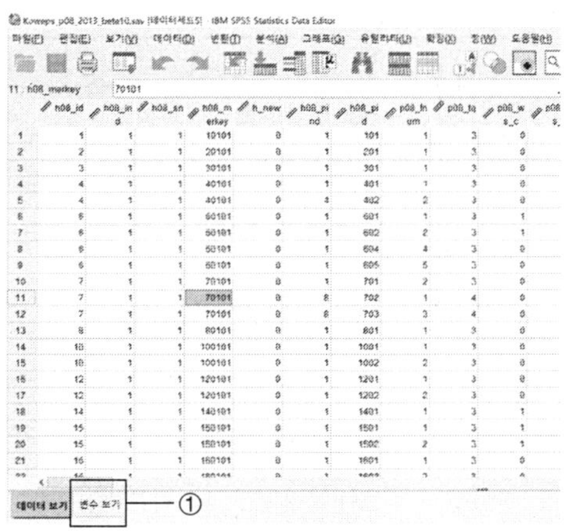

① 우측의 〈변수 보기〉를 보려면 여기를 클릭하세요.

▌변수 정보 확인하기

SPSS 데이터 파일을 편집한 후 데이터 편집이 제대로 되었는지를 확인할 필요가 있습니다. 왜냐하면 데이터를 편집하는 과정에서 입력에 실수가 발생할 수 있기 때문입니다.

1. 한글 SPSS 메뉴에서 **[유틸리티(U)] → 변수(V)...**를 선택하세요.

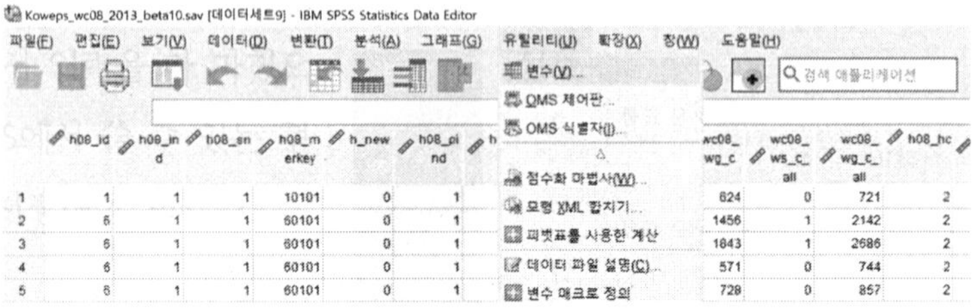

한글 SPSS의 [유틸리티(U)] 메뉴

2. 변수 대화상자가 열립니다. 변수 대화상자의 왼쪽 난에서 확인하려는 변수를 마우스로 클릭하면 오른쪽의 〈변수정보〉 창에서는 입력한 변수명과 변수값의 내용이 나타납니다.

   변수명과 변수값이 제대로 입력되었는지를 확인해 보십시오.

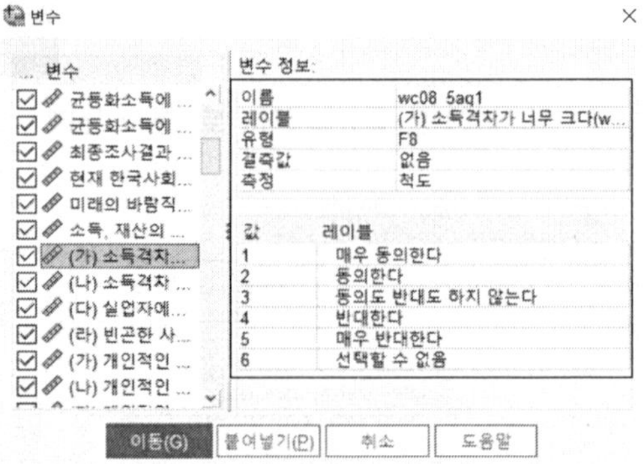

변수 대화상자

3. 입력한 변수명과 변수값의 내용이 틀리면, 다시 앞으로 돌아가 SPSS 메뉴에서 돌아가 하단의 〈변수 보기〉 난을 눌러 변수 보기 대화상자에서 틀린 내용을 수정해 줍니다.

데이터 파일 제대로 사용하기

집을 짓는 데는 수많은 연장이 필요합니다. 연장도구는 그 쓰임새가 사용 용도에 따라 달라집니다. 한글 SPSS에 수많은 기능을 가진 연장도구가 있습니다. 주요하게 많이 사용하는 기능에 대하여 알아보도록 하겠습니다.

변수값 다시 계산하기

설문 문항 중 비슷한 질문을 묶어 새로운 변수값을 만들고 싶을 때 변수 계산(C)을 사용합니다. 즉, 기존에 데이터 편집기 창에 입력된 여러 개의 변수값을 계산하여 새로운 변수를 만들 때 사용합니다. 이를테면 산술, 관계, 논리 연산 등을 이용하여 새로운 변수값으로 계산할 수 있습니다.

다음의 예제 설문은 'Koweps_wc08_2013_beta10.sav' 파일에 문10가(wc08_31)~문10자(wc08_39) 등의 변수로 정의되어 있습니다. 그러나 9개의 변수는 모두 〈정부의 사회정책 평가〉를 묻는 설문입니다. 그러므로 9개의 변수값을 〈정부사회정책평가〉라는 하나의 변수명으로 만드는 것도 통계적 의의가 있을 것입니다.

문 10) 귀하는 우리나라 정부가 사회정책과 관련된 다음의 각 정책영역에서 얼마나 잘 하고 있다고 생각하십니까? 혹은 그렇지 않다고 생각하십니까? (※ ㉮~㉶ 항목별로 각각 작성해 주십시오.)

정부의 사회정책	매우 잘하고 있다	잘 하고 있는 편이다	보통/그저 그렇다	잘 못하는 편이다	매우 잘못하고 있다
㉮ 아픈 사람에게 의료서비스를 제공하는 것	①	②	③	④	⑤
㉯ 노인들이 적절한 삶의 질을 유지하도록 하는 것	①	②	③	④	⑤
㉰ 장애인의 불편을 덜기 위한 서비스 제공	①	②	③	④	⑤
㉱ 질 높고 충분한 보육서비스를 제공하는 것	①	②	③	④	⑤
㉲ 빈곤 예방 및 감소	①	②	③	④	⑤
㉳ 실업에 대한 대응	①	②	③	④	⑤
㉴ 성평등 수준을 높이는 것	①	②	③	④	⑤
㉵ 모두가 위생적이고 적절한 주택에서 거주할 수 있도록 하는 것	①	②	③	④	⑤
㉶ 인재 육성을 위한 학교교육	①	②	③	④	⑤

1. SPSS에서 **'Koweps_wc08_2013_beta10.sav'** 파일을 열고 문10가(wc08_31)~문10자(wc08_39)까지 변수 내용을 확인해 보세요.
   그런 다음 **[변환(T)] → 변수 계산(C)...**을 선택하면 변수 계산 대화상자가 열립니다.

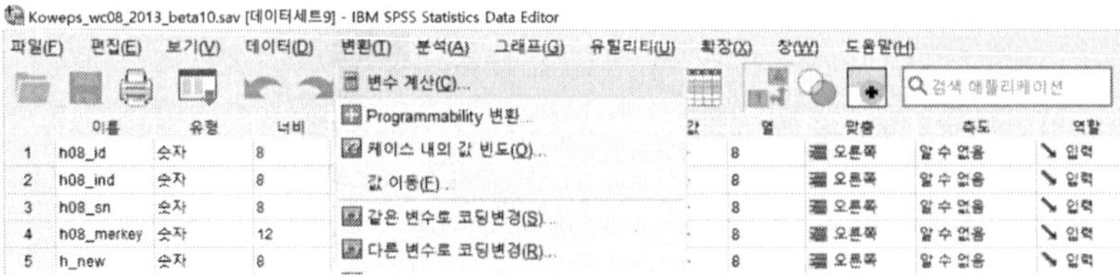

한글 SPSS의 [변환(T)] 메뉴

2. 변수 계산 대화상자의 대상 변수(T) 난에 마우스를 클릭하여 새로 만들어질 변수명 **'정부사회정책평가'**를 입력합니다.

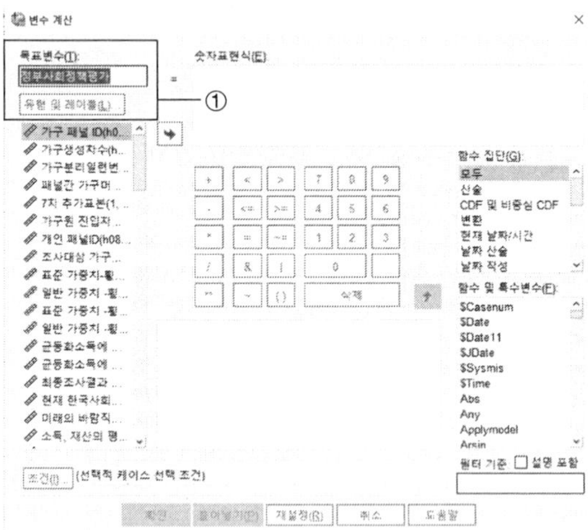

변수 계산 대화상자

① 여기를 마우스로 클릭하여 '정부사회정책평가'의 변수명을 입력하세요.

3. 숫자 표현식(E) 난에 클릭하고 계산기를 이용하여 'wc08_31 + wc08_32 + wc08_33)~ + wc08_ 39'라고 입력합니다.

데이터의 연산식을 입력하는 변수 계산 대화상자

입력의 방법은 먼저 왼쪽 난에서 'wc08_31'을 클릭하고 푸시(➡) 단추를 누릅니다.

그럼 원하는 변수가 숫자 표현식(E) 난으로 이동합니다. 그리고 계산기에서 +를 클릭하고 다시 왼쪽 난에서 'wc08_32'를 클릭하고 푸시 단추를 누릅니다.

이런 방식으로 입력을 마칩니다. 변수명과 연산자를 다 입력하고 변수 계산 대화상자에서 〈확인〉 단추를 눌러줍니다.

① 여기에서 변수를 클릭하세요.

계산기 연산자의 의미

산술 연산

기호	의미	수학적 표현
+	덧셈	a+b
−	뺄셈	a−b
*	곱셈	a×b
/	나눗셈	a÷b
* *	지수	a^2
( )	연산 순서	

관계 연산

기호	의미	수학적 표현
<	보다 작다	a<b
>	보다 크다	a>b
≤	작거나 같다	a+1≤2.5
≥	크거나 같다	a+1≥2.5
=	같다	b=100
≠	같지 않다	d≠0

4. 새로운 변수 '정부사회정책평가' 데이터가 데이터 편집기 창의 맨 끝에 나타납니다.

   여기에서 1장의 'SPSS 데이터 편집기에 설문결과 입력/편집하기' 4~15번을 무조건 따라하면 변수값을 정리할 수 있습니다.

새로운 변수값이 추가된 SPSS 데이터 편집기 창

평균값의 변수명으로 다시 만들어 보기

설문문항 중 비슷한 질문의 변수값을 전체적인 평균값으로 알아보고 싶을 때 변수 계산(C)을 사용합니다. 즉, 산술, 관계, 논리 연산 등을 이용하여 새로운 평균값으로 계산한다는 의미입니다.

다음의 예제 설문지 **'정부사회정책평가'** 변수값을 모두 더한 다음 9로 나누어 **'정부사회정책평가'**에 대한 **〈평균값〉**을 만들어 봅시다.

문 10) 귀하는 우리나라 정부가 사회정책과 관련된 다음의 각 정책영역에서 얼마나 잘 하고 있다고 생각하십니까? 혹은 그렇지 않다고 생각하십니까? (**※ ㉮~㉶ 항목별로 각각 작성해 주십시오.**)

정부의 사회정책	매우 잘하고 있다	잘 하고 있는 편이다	보통/그저 그렇다	잘 못하는 편이다	매우 잘못하고 있다
㉮ 아픈 사람에게 의료서비스를 제공하는 것	①	②	③	④	⑤
㉯ 노인들이 적절한 삶의 질을 유지하도록 하는 것	①	②	③	④	⑤
㉰ 장애인의 불편을 덜기 위한 서비스 제공	①	②	③	④	⑤
㉱ 질 높고 충분한 보육서비스를 제공하는 것	①	②	③	④	⑤
㉲ 빈곤 예방 및 감소	①	②	③	④	⑤
㉳ 실업에 대한 대응	①	②	③	④	⑤
㉴ 성평등 수준을 높이는 것	①	②	③	④	⑤
㉵ 모두가 위생적이고 적절한 주택에서 거주할 수 있도록 하는 것	①	②	③	④	⑤
㉶ 인재 육성을 위한 학교교육	①	②	③	④	⑤

1. SPSS 메뉴에서 **[변환(T)] → 변수 계산(C)...**을 선택하면 변수 계산 대화상자가 열립니다.

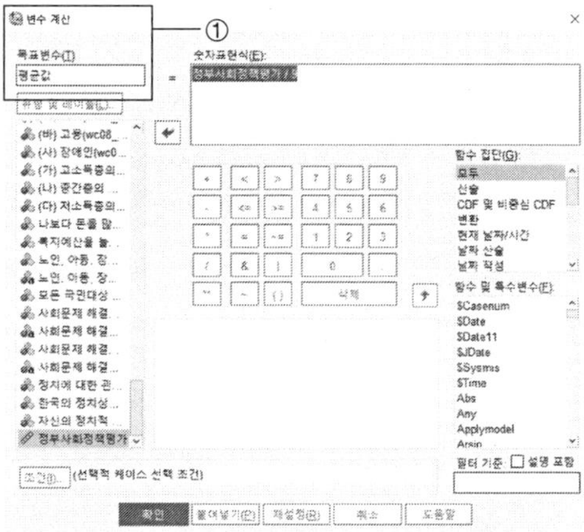

데이터의 연산식을 지정하는 변수 계산 대화상자

① '평균값'이라고 입력하세요.

2. 먼저 대상변수(T) 난에서 새로 만들어질 변수명을 '평균값'이라고 입력합니다. 그리고 왼쪽 난에서 **'정부사회정책평가'**를 클릭하고 푸시 단추를 누릅니다.

   그 다음 계산기를 이용하여 /9(나누기 표시)를 클릭합니다. 변수명과 연산 숫자를 다 입력하고, 변수 계산 대화상자에서 〈확인〉 단추를 눌러줍니다.

3. 그럼 새로운 변수 '평균값' 데이터가 데이터 편집기 창의 맨 끝에 나타납니다.

새로운 변수명 '평균값'이 추가되었습니다

특정 변수의 조건식 만들기

한꺼번에 여러 가지 통계분석을 진행하다 보면 사용자의 목적에 맞는 사례수만 분석해야 할 때가 있습니다. 이때는 케이스 선택(S) 대화상자를 이용하면 됩니다. 사용자가 필요한 변수에 조건을 주어 변수를 재정의하는 것이죠.

편식은 건강에 해롭지만 통계분석에선 편식분석(?)이 조사 결과를 극대화할 수 있는 방법입니다.

그러면 다음의 예제 설문지에서 정치성향중 **'진보적'**이라고 응답한 데이터만을 골라내어 봅시다. **변수명은 자신의 정치적 성향(wc08_5aq6)입니다.**

문 21) 귀하는 자신이 정치적으로 어느 정도 진보적 또는 보수적이라고 생각하십니까? □

① 매우 진보적
② 다소 진보적
③ 중도
④ 다소 보수적
⑤ 매우 보수적
⑥ 선택할 수 없음

1. SPSS 메뉴에서 **[데이터(D)]→케이스 선택(S)...**을 선택하면 케이스 선택 대화상자가 열립니다.

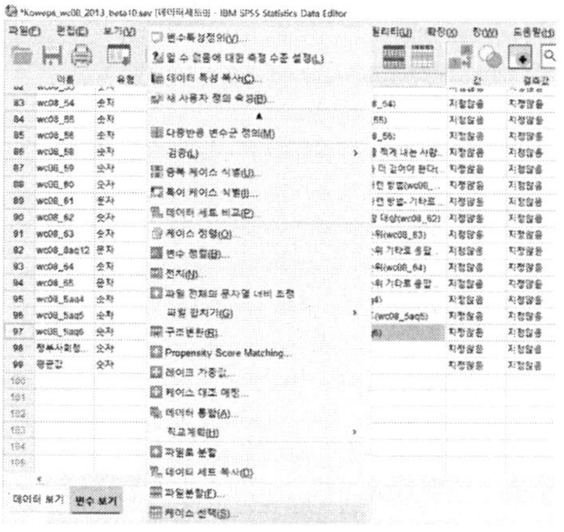

SPSS의 [데이터(D)] 메뉴

2. 케이스 선택 대화상자에서 조건을 만족하는 케이스(C)를 클릭하고 조건(I)... 단추를 선택하면 케이스 선택: 조건 대화상자가 나타납니다.

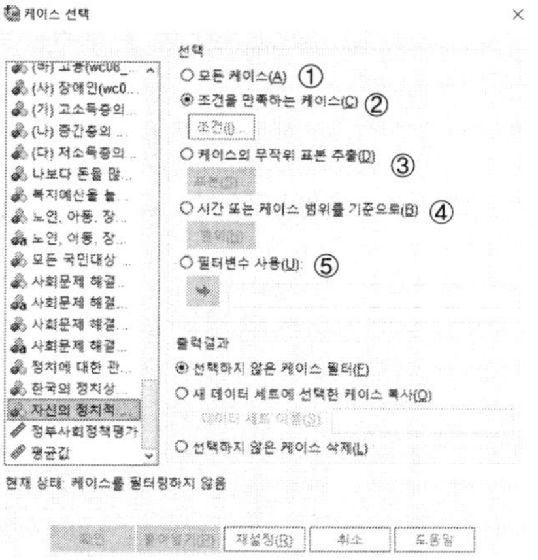

케이스 선택 대화상자

① 모든 케이스(A) : 모든 사례수가 변환의 대상이 됩니다.

② 조건을 만족하는 케이스(C) : 조건식에 맞는 사례수만 변환의 대상이 됩니다. 만약에 조건식이 거짓이라면 변수는 변환되지 않습니다.

③ 케이스의 무작위 표본 추출(D) : 지정한 임의의 퍼센트나 실제 사례수에 맞는 것만 변환의 대상이 됩니다.

④ 시간 또는 케이스 범위를 기준으로(B) : 지정한 데이터, 시간, 사례수의 범위에 맞는 것만 변환의 대상이 됩니다.

⑤ 필터 변수 사용(U) : 지정한 변수의 숫자데이터만 변환의 대상이 됩니다. 만약에 변환 변수가 오류가 있다면 이 지정은 할 수가 없습니다.

3. 케이스 선택: 조건 대화상자의 왼쪽 난에서 정치성향 중 '**진보적**(wc08_5aq6)'이라고 응답한 데이터만을 골라내어 봅시다.

'wc08_5aq6' **변수**를 마우스로 클릭하여 푸시 버튼을 누른 뒤 계산기를 이용하여 'wc08_5aq6<3'이라고 입력합니다. 그리고 〈계속〉 단추를 눌러주면 케이스 선택 대화상자가 다시 열립니다. 여기에서 〈확인〉 단추를 눌러주면 됩니다.

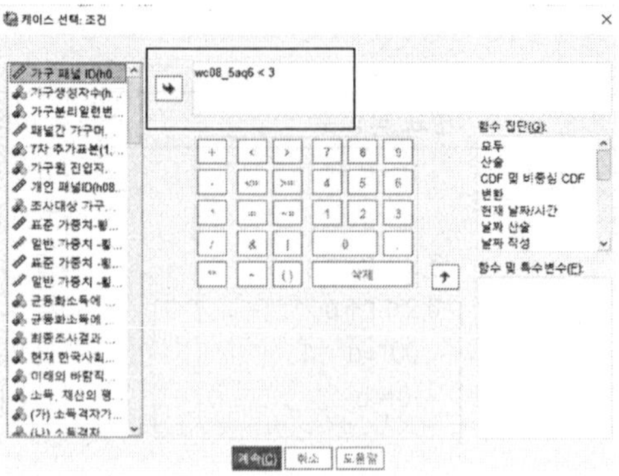

케이스 선택: 조건 대화상자

4. 변수값이 3점 이하인 조건식으로 만들면 변수명이 'filter_$'가 자동적으로 생성됩니다.

만약에 다른 조건식을 다시 만들면, 먼저 만들어 놓은 'filter_$'변수명의 내용이 바뀝니다.

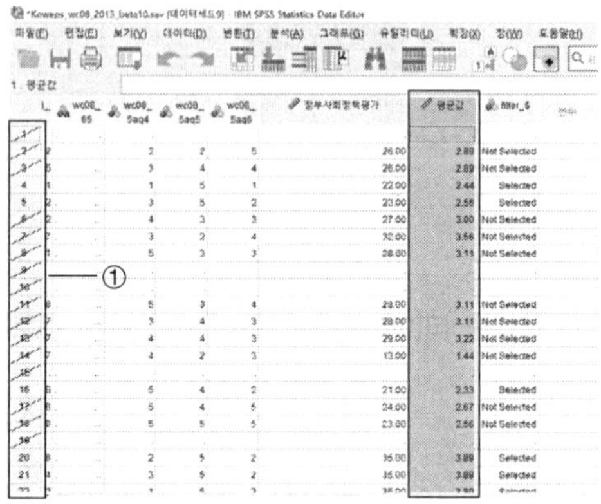

'진보층'이라고 응답한 케이스만 걸러냈습니다

① 조건식의 변수값이 3점 이상인 사례수는 SPSS 고정 사례수 번호에 / 로 표시되고 셀에는 선택되지 않는 영문(Not Selected)이 나타납니다.

같은 변수로 만들기

변수값을 다시 만들어(recording) 새로운 데이터 값으로 변환합니다. 이 방법은 변수들의 범주를 재분류하고 결합하는 데 유용하게 사용됩니다.

이미 입력되어 있는 변수값을 새로 입력하는 변수값으로 전환할 경우에, 기존에 입력되어 있는 변수값은 겹쳐져서 사라지게 됩니다.

아래의 예제 설문지에서 ①**과** ② **(평등사회)**, ③ **(중간사회)**, ④**와** ⑤**는 (불평등사회)**로 재분류하여 새로운 변수값으로 만들어 봅시다.

문 3) 우리나라는 소득이나 재산에 있어서 얼마나 평등하다고 생각하십니까? □

①-----②-----③-----④-----⑤

① 매우 평등하다 ⑦ 매우 불평등하다

1. SPSS 메뉴에서 **[변환(T)] → 같은 변수로 코딩변경(S)...** 등의 순으로 선택하면 같은 변수로 코딩변경 대화상자가 열립니다.

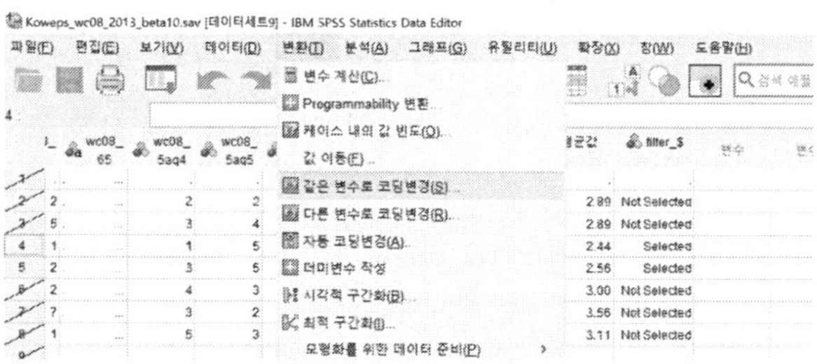

SPSS의 [변환(T)] 메뉴

2. 같은 변수로 코딩변경 대화상자의 왼쪽 난에서 재분류할 **변수(소득, 재산의 평등정도/wc08_3)**를 선택하고 푸시 단추를 클릭 하면 변수(V) 난으로 이동합니다.

재분류할 변수들을 모두 이동시킨 후 기존값 및 새로운 값(O)...을 클릭하세요.

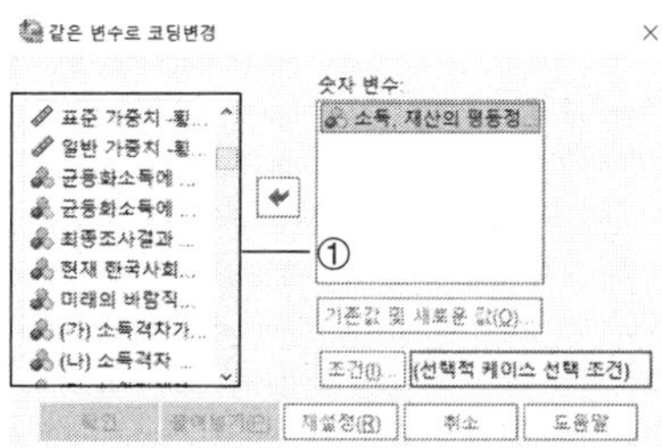

같은 변수로 코딩변경 대화상자

① 여기서 'wc08_3'를 클릭하세요.

3. 그럼 다음 같은 변수로 코딩변경: 기존값 및 새로운 값 대화상자가 열립니다.

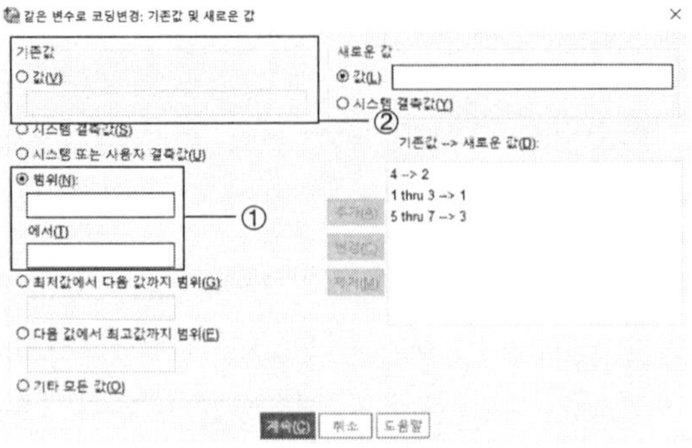

데이터의 변환을 지정하는 대화상자

여기에서 〈◉ 범위(N)〉를 선택한 후 ❶에서(T) ❸이라고 입력하세요. 그런 다음 새로운 값 난의 〈◉ 값(L)〉난에 재분류할 값 ❶을 입력합니다. 그리고 〈추가〉 단추를 눌러주면 기존값 → 새로운 값(D) 난에 ❶에서 ❸→❶라는 내용이 나타납니다.

① 1과 3을 입력합니다.
② 기존값(V) : 하나의 변수값을 지정해 줍니다.
③ 시스템 결측값(S) : 데이터의 무응답치를 지정해 줍니다. 보통 두 가지의 무응답치가 발생할 수 있습니다. 하나는 응답자가 대답하지 않는 무응답치가, 또 하나는 데이터 입력 시 발생한 에러데이터를 이야기합니다. 보통 9나 99를 무응답치로 주로 사용합니다.
④ 시스템 또는 사용자 결측값(U) : 이미 지정한 무응답치를 다시 지정할 수 있습니다.
⑤ 범위(N) : 변수값의 범위를 지정해 줍니다.
⑥ 최저값에서 다음값까지 범위(G) : 지정한 변수값의 낮은 수부터 리코딩합니다.
⑦ 다음 값에서 최고값까지 범위(E) : 지정한 변수값의 높은 수부터 리코딩합니다.
⑧ 기타 모든 값(O) : 명시되지 않는 변수값을 지정합니다.

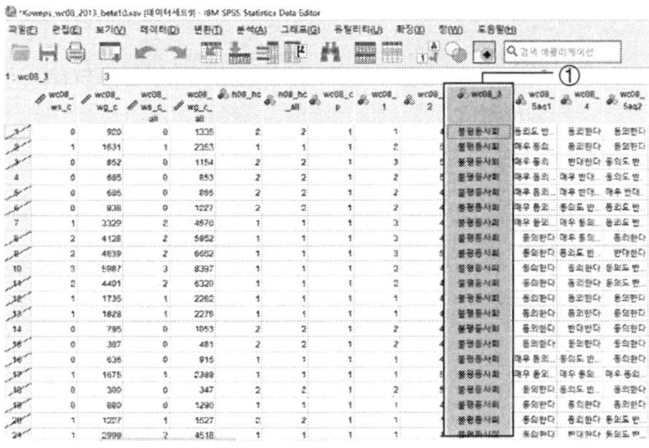

같은 변수로 코딩변경: 기존값 및 새로운 값 대화상자

4. 왼쪽에 있는 기존값 난의 〈◉ 값(N)〉를 선택한 후 ❹을 입력하고 마우스를 움직여 〈◉값(L)〉 난에 재분류할 값 ❷을 입력합니다.
그리고 〈추가〉 단추를 눌러주면 기존값 → 새로운 값(D) 난에 ❹ → ❷라는 내용이 나타납니다. 다시 범위(N) 난에 클릭하고 ❺ → ❼을 입력하고 새로운 값(D) 난에 ❸을 입력합니다. 〈추가〉 단추를 눌러주면 기존값 → 새로운 값(D) 난에 ❺ → ❼에서 ❸이라는 내용으로 나타납니다. 입력이 완료되면 같은 변수로 코딩: 기존값 및 새로운 값 대화상자에서 〈계속〉 단추를 눌러줍니다. 그리고 연이어 열린 같은 변수로 코딩 대화상자에서 〈확인〉을 눌러주면 변수값이 1, 2, 3으로 재분류되어 나타납니다.

① 새로 정의된 변수값은 1은 평등사회, 2는 중간사회, 3은 불평등사회를 의미합니다.

다른 변수로 만들기

성형수술을 희망하는 사람을 보면 두 가지의 유형이 있습니다. 하나는 탤런트의 사진을 가지고 와서 똑같은 얼굴로 만들어 달라고 하는 막무가내형, 다른 하나는 자기 개성을 살려달라고 요구하는 소신파가 있습니다.

즉, 기존 변수를 변환한 뒤 다른 자리에 변수를 새롭게 만든다는 의미입니다. 그렇다면 기존의 변수를 완전히 다른 변수로 만드는 막무가내형 변환은 가능할까요?

다음의 예제 설문지 변수값을 이용하여 아주 다른 변수들의 성향으로 만들어 봅시다. 변수값 중에서 ①**과** ②**는** 1(**성장중심**)**로** ③**과** ④**는** 2(**분배중심**)로 재분류하여 '성장분배'의 새로운 변수를 만들어 봅시다.

문 8) 귀하는 성장과 분배 중에서 성장이 중요하다고 생각하십니까? 혹은 분배가 중요하다고 생각하십니까? □

①――――②――――③――――

① 성장만이 중요하다 ④ 분배만이 중요하다

파일에 있는 변수명은 'wc08_20'입니다.

1. SPSS 메뉴에서 **[변환(T)] → 다른 변수로 코딩변경(R)...**을 선택하세요. 다른 변수로 코딩변경 대화상자가 열립니다.

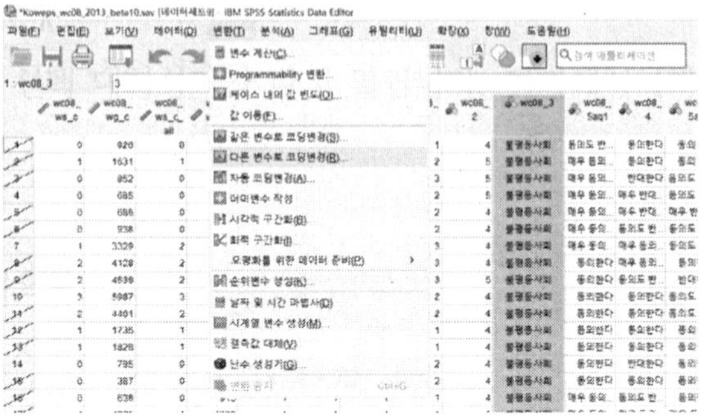

SPSS의 [변환(T)] 메뉴

2. 대화상자의 왼쪽 난에서 재분류할 **변수**(wc08_20)를 클릭하여 오른쪽 난으로 이동시킵니다.

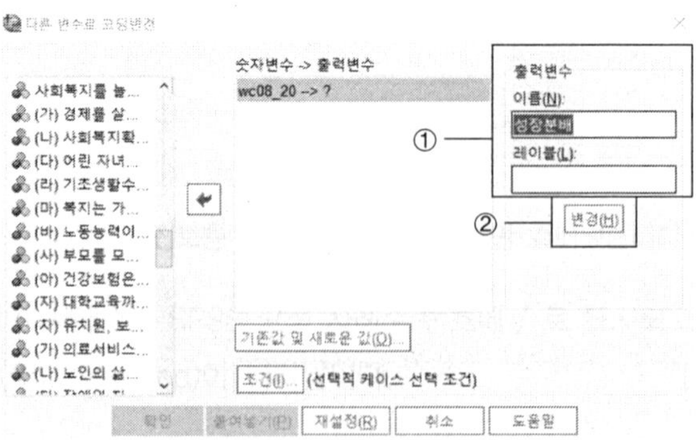

다른 변수로 코딩변경 대화상자

출력변수 이름(N) 난에 새로 만들어질 **변수명(성장분배)**을 입력하고 〈변경(H)〉 단추를 눌러주면 오른쪽 난에 새로운 변수명(wc08_20→**성장분배**)이 만들어집니다. 그리고 기존값 및 새로운 값(O)...을 선택하세요.

① '성장분배'라고 입력합니다.

② 〈변경(H)〉 단추를 눌러주면, 오른쪽 난에 새로운 변수명(wc08_20→성장분배)이 만들어집니다.

3. 그럼 다음 대화상자가 열립니다. 〈◉ 범위(N)〉를 선택한 후 ❶에서 ❷라고 입력하고 마우스를 움직여 새로운 값〈◉값(L)〉 난에 재분류할 값 ❶을 입력합니다.

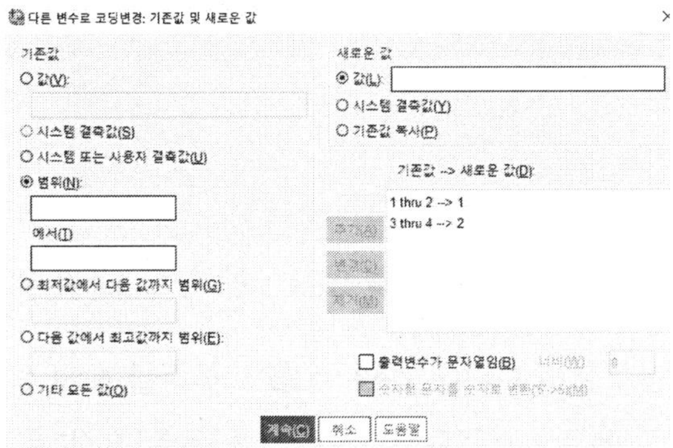

다른 변수로 코딩변경: 기존값과 새로운 값 대화상자

입력을 다 마쳤으면 〈추가〉 단추를 누르세요. 기존값 → 새로운값(D) 난에 ❶에서 ❷→❶이라는 내용이 나타날 것입니다. 위와 같은 방법으로 모두 입력했으면 〈계속〉을 눌러줍니다.

4. 그리고 연이어 열린 다른 변수로 코딩변경 대화상자에서 〈확인〉을 눌러주면 변수값이 1, 2로 재분류되어 데이터 편집기 창에 나타납니다.

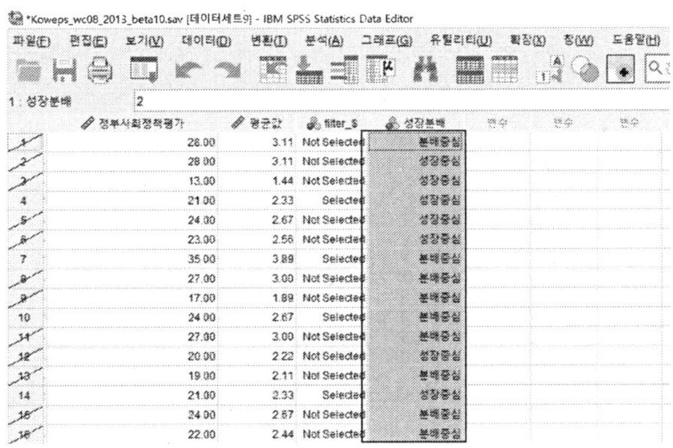

1는 성장중심, 2는 분배중심입니다

SPSS를 활용한 초급 통계분석

둘째마당

CHAPTER 03 SPSS로 기초 통계분석 배우기

03 CHAPTER SPSS로 기초 통계분석 배우기

3장부터는 머리가 조금은 아플 것입니다. 읽어보다가 이해가 되지 않으면 '그냥 이런 내용도 있구나' 생각하시고 그냥 넘어가십시오. 골치 아픈 계산은 한글 SPSS가 알아서 다 계산하기 때문입니다. 그러므로 여러분들은 기본 원리와 구체적인 해석방법에 초점을 맞추어 공부를 진행하시기 바랍니다.
3장에서는 **〈통계분석의 기초 개념〉→〈분석절차〉→〈분석결과 해석의 순서〉**로 설명하겠습니다. 여기에서 설명할 통계용어가 여러분들이 처음 접하기엔 상당히 낯선 용어일지도 모릅니다. 특히 통계분석 절차에서 설명하는 옵션 명령어는 초보자가 이해하기에 상당히 어렵습니다. 그래서 당장 필요하지 않은 옵션 명령어는 과감히 생략하였습니다.

03-1 데이터의 기초 개념 이해하기

모든 일에는 단계가 있습니다. 단계가 진행되면서 실력과 경험이 축적됩니다. 여기에서 언급하는 기초 통계 분석 기법은 한마디로 조사연구의 결과를 분석하는 '통계분석의 기초'입니다. 통계분석의 기초를 잘 활용하면 고차원의 통계 분석 기법은 충분히 쉽게 배울 수 있습니다.

조사연구의 통계 프로그램인 한글 SPSS에는 여러 가지 통계 분석기능이 있습니다. 3장에서는 조사연구를 처음 배우려는 초보자들을 위해서 자주 사용하는 핵심적인 통계분석 기법만 설명하기로 하겠습니다. 물론 한글 SPSS의 모든 기능을 다 사용할 줄 알면 더 바랄 것이 없겠죠.

하지만 3장에서 나온 핵심적인 분석 기법만 알아도 웬만한 조사연구는 충분히 실시할 수 있습니다. 실제 조사연구에서 사용하는 통계 분석 기법은 생각만큼 그리 다양하지 않으니까요.

어떤 학자는 교차분석만 제대로 알고 있어도, 모든 조사연구는 다 분석할 수 있다고 주장하기도 합니다.

▌데이터 척도(Scale)의 종류

어떠한 가치 판단을 할 수 있는 근거가 되는 것을 데이터(data)라고 합니다. 데이터는 숫자, 문자, 화상, 소리 등 어떠한 형태로도 표현될 수 있지만, 통계분석에서는 수치 데이터를 주로 사용합니다. 수치 데이터란 말 그대로 어떠한 사실을 숫자로 표현한 데이터입니다.

객관적 사실을 수치로 만들 때 어떠한 척도(scale)를 기준으로 수치화했는가에 따라, 명목 척도, 순위 척도, 등간 척도, 비율 척도 네 종류로 구분합니다. 그리고 명목 척도와 순위 척도를 **범주형 척도**(categorical scale)라고 하고, 등간 데이터와 비율 데이터를 **연속형 척도**(continuous scale)라고 합니다.

명목 척도(nominal scale)

조사연구의 측정대상을 고유한 특성에 따라 분류하거나 확인할 목적으로 동일한 특성을 갖는 대상들에 동일한 수치를 갖도록 한 데이터를 명목 데이터라고 합니다. 단순히 조사연구 측정대상을 분류하거나 확인하기 위한 목적으로 숫자를 부여하기 때문에 데이터 간의 관계는 상호보완적이지 않고 상호 배타적입니다.

가령 LA다저스팀의 박찬호 선수의 등번호 61번을 다른 선수가 사용하지 못한다는 것과 같은 의미입니다. 명목 척도는 분류와 특성에 기초를 두고 수치화된 데이터입니다.

예를 들어, '직장의 업무 만족도 여론조사'에서 전체 조사 집단을 성별로 분류하여 '남자'에게는 1, '여자'에게는 2라는 수치를 부여한다면 이것이 바로 명목 척도입니다. 이러한 수치들은 단지 그 집단의 명칭을 대신할 뿐, 수량의 의미로서 1과 2를 뜻하지는 않습니다. 따라서 척도의 값을 바꾸어도 무방합니다. 즉, 남자를 2, 여자를 1로 하여도 아무런 문제가 없다는 말입니다.

명목 척도의 유형

성별 : 남자=1, 여자=2
학력 : 초졸=1, 중졸=2, 고졸=3, 대졸 이상=4
직업 : 회사원=1, 공무원=2, 자영업=3, 학생=4, 무직=5, 생산직=5, 기타=6
부서 : 총무부=1, 관리부=2, 영업부=3, 인사부=4, 전산부=5
지역 : 서울, 경기=1, 강원도=2, 경상도=3, 전라도=4, 제주도=5

명목 척도를 사용한 설문

실례지만 ○○님의 직업은 무엇입니까?
① 자영업(상점, 음식점, 9인 이하 공장사장)
② 판매/서비스직(상점점원, 세일즈맨, 노점상인, 미용사, 복덕방, 안내원 등)
③ 기능/생산직(운전사, 공장근로자)
④ 사무/기술직(일반회사 사무직, 은행원, 기술직, 교사)
⑤ 경영관리직(4급 이상 공무원, 기업체 부장 이상)
⑥ 전문자유직(교수, 의사, 변호인, 예술인, 종교 등)
⑦ 가정주부
⑧ 대학생
⑨ 무직

순위 척도(ordinal scale)

측정대상들을 비교하기 위해 특성의 많고 적음 또는 대소의 서열에 따라 측정 대상들에게 수치를 부여한 데이터를 순위 데이터 또는 서열 데이터라고 합니다. 즉, 측정 대상을 그 특성에 따라 순서대로 배열하고, 그 순위에 따라 1, 2, 3등의 수치를 부여하는 방식입니다.

예를 들어 '상품 선호도조사'에서 제품 만족도에 따라 매우 좋음=1, 좋음=2,

보통=3, 나쁨=4, 매우 나쁨=5 등으로 수치를 부여했다면 1과 5는 다르게 분류되었다는 의미 외에 수치가 커질수록 선호도가 낮아졌음을 의미합니다. 그러나 1, 2, 3, 4, 5 등의 수치만으로 상품 만족도에 대한 평가를 정확히 내릴 수는 없습니다. '매우 좋음=1'로 응답한 사람이 '매우 나쁨=5'로 응답한 사람보다 5배만큼 만족도를 느끼고 있다고 비교할 수는 없습니다.

순위 척도의 유형

정치 발전도 : 매우 발전=1, 다소 발전=2, 비슷=3, 다소 퇴보=4, 매우 퇴보=5
상품의 소비도 : 대량 소비=4, 중간 소비=3, 소량 소비=2, 비소비=1
동성동본의 결혼지지 여부 : 적극 찬성=4, 약간 찬성=3, 잘 모르겠음=2, 약간 반대=1,
적극 반대=0
공무원 조직개편의 필요성 : 매우 필요하다=1, 필요하다=2, 그저 그렇다=3,
불필요하다=4, 매우 불필요하다=5
상품 선호도 조사 : 매우 좋음=1, 좋음=2, 보통=3, 나쁨=4, 매우 나쁨=5

순위 척도를 사용한 설문

귀하께서 가장 많이 이용하는 백화점에서 주로 구입하는 품목은 무엇입니까?
(3가지만 순서대로) (1위), (2위), (3위)

1) 여성정장 2) 여성캐주얼 3) 남성정장 4) 남성캐주얼 5) 아동의류
6) 주방용품 7) 가전제품 8) 스포츠, 레저, 문화용품 9) 금, 은, 시계, 보석류
10) 공산품(과자, 통조림 등) 11) 수산물(미역, 김, 생선 등)
12) 농축산물(곡물, 야채, 정육) 13) 신변잡화 14) 가구류

등간 척도(interval scale)

측정 대상이 갖고 있는 속성의 양적 차이에 따라서 순위를 수치로 부여한 것을 등간 척도라고 합니다. 등간 척도는 해당 속성이 전혀 없는 상태인 절대적 원점(absolute zero) 0이 존재하지 않으며, 순위 사이의 간격을 양적으로 비교할 수 있는 척도입니다.

그 대표적인 예로서 온도를 들 수 있는데, 100˚C의 온도가 50˚C의 온도의 정

확히 두 배 높은 온도라고 말할 수 없습니다. 절대적 온도 0이 절대점 원점 0이 아니라, 편의에 의해서 설정된 상대적 0점이기 때문입니다.

등간 척도의 유형

온도계 수치 : 섭씨 0˚C, 50˚C, 100˚C
물가지수, 생산성 지수, 5점 척도점수

등간 척도를 사용한 설문

귀하는 "당장에 통일을 이룩하는 데 더 주력하기보다 평화 정착을 통해 남북 간의 평화공존을 이룩하는 것이 시급하다"는 주장에 대하여 어떻게 생각하십니까?
1) 적극 찬성한다 2) 다소 찬성한다 3) 그저 그렇다
4) 다소 반대한다 5) 적극 반대한다

비율 척도(ratio scale)

등간 데이터가 갖는 특성에 추가로 절대적 원점(absolute zero) 0이 존재하고 비율계산이 가능한 것을 비율 척도라고 합니다.

비율 척도의 유형

시험점수 : 50점, 60점, 70점, 80점, 90점, 100점
연령 : 10대, 20대, 30대, 40대, 50대, 60대, 70대 등
가족수 : 1인, 2인, 3인, 4인, 5인, 6인, 7인 등
월평균소득 : 100만 원, 150만 원, 200만 원, 250만 원, 300만 원, 350만 원, 400만 원 등

비율 척도를 사용한 설문

귀하께서는 가장 많이 이용하시는 백화점에 가실 경우 주된 방문목적은 무엇입니까?
(전체를 100%로 기준할때 다음에 보여드리는 항목별로 어느 정도 된다고 생각하십니까?)
1) 쇼핑(%) 2) 아이쇼핑(%) 3) 약속장소로 이용(%)
4) 문화센터 이용(%) 5) 식당가 이용(%) 6) 스포츠 센터(%)
7) 근처 용무차(%) 8) 기타(%)

척도의 특성 도표로 이해하기

<table>
<tr><th colspan="3" rowspan="2"></th><th colspan="4">데이터별 특성</th><th rowspan="2">사용방법</th><th rowspan="2">적용사례</th></tr>
<tr><th>분류</th><th>순위</th><th>등간격</th><th>절대0점</th></tr>
<tr><td rowspan="2">비계량적 척도 (nonmetric scale)</td><td>명목척도</td><td rowspan="2">범주형 데이터</td><td>○</td><td>×</td><td>×</td><td>×</td><td>확인, 분류</td><td>• 성별·학력 분류
• 직업·지역 분류
• 선택 유무</td></tr>
<tr><td>순위(서열) 척도</td><td>○</td><td>○</td><td>×</td><td>×</td><td>순위비교</td><td>• 상표 만족도 순위
• 정치 발전도 순위
• 구매품 필요 순위</td></tr>
<tr><td rowspan="2">계량적 척도 (metric scale)</td><td>등간 척도</td><td rowspan="2">연속형 데이터</td><td>○</td><td>○</td><td>○</td><td>×</td><td>간격비교</td><td>• 온도계 수치
• 광고 인지도
• 산업생산성 지수
• 5점척도 점수</td></tr>
<tr><td>비율척도</td><td>○</td><td>○</td><td>○</td><td>○</td><td>절대크기</td><td>• 연령
• 과목별 점수
• 몸무게
• 월평균소득</td></tr>
</table>

○= 사용할 수 있음, ×= 사용할 수 있음

03-2 빈도분포 분석

모든 기업의 생존전략은 MZ세대의 트랜드에 초점을 맞추고 있습니다. MZ세대의 '21세기 팝 아이콘'은 전 세계적으로 유명한 방탄소년단입니다. 이들은 미국 빌보드, 영국 오피셜 차트, 일본 오리콘을 비롯해 아이튠즈, 스포티파이, 애플뮤직 등 세계 유수의 차트 정상에 올랐고, 음반 판매량과 뮤직비디오 조회수, SNS 지수 등에서도 독보적인 기록을 써 내려가고 있습니다.

특히, 방탄소년단은 한 주에 빌보드 '핫 100' 차트와 '빌보드 200' 차트 정상을 동시 정복한 최초의 그룹이며, 통산 '빌보드 200' 6차례, '핫 100' 6차례 1위를 차지했습니다. 또한, '제63회 그래미 어워드'에서 한국 가수 최초로 단독 무대를 펼쳐 '빌보드 뮤직 어워드'와 '아메리칸 뮤직 어워드', '그래미 어워드'까지 미국 3대 음악 시상식 무대에서 공연하는 기록을 세웠습니다.

방탄소년단은 스타디움 투어를 개최하며 전 세계 콘서트 시장에서도 글로벌 아티스트로서의 입지를 다져왔으며, UN 연설과 LOVE MYSELF 캠페인 등을 통해 선한 영향력을 실천하고 있습니다.

요즘 이런 젊은 세대의 문화를 어른들 입장에선 다소 이해하기가 어려울 것입니다. 그러나 젊은 세대의 문화를 비판하는 어른들도 1970년대에는 경찰의 집요한 장발단속을 피해 머리를 기르고 거리를 방황한 '70년대의 X 세대'였습니다. 이처럼 젊은이의 문화는 너무나 다양하고 빠르게 변화하고 있기 때문에 한마디로 표현하기가 어렵습니다. 이러한 시대 변화의 핵심 흐름을 전체 빈도수로 파악하여 올바른 해결방안을 찾아내는 통계분석의 파수꾼이 있습니다.

빈도분포분석(Frequency Distribution Analysis)이 그것입니다. 특정 질문에 대한 빈도분포를 통하여 사회의 가치와 내용을 파악하는 것입니다.

옛말에 '아니 땐 굴뚝에 연기 나느냐'라는 속담이 있듯이, 특정 질문에 빈도수가 많이 몰려 있으면 사회 구성원의 다수가 보편적으로 많이 생각하는 가치기준이라는 뜻입니다. 즉, '방탄소년단이 노래와 춤으로 보내는 메시지는 7명 멤버들만의 것이 아니라, 학교 공부, 친구와의 갈등과 같은, 이 시대를 살아가는 다수의 MZ세대가 겪는 삶을 공감 있게 표현한 것과 같은 의미입니다.

빈도표 이해하기

빈도 분포 분석은 변수값에 해당하는 빈도수를 파악하여 이것이 어떤 특성을 가지고 있는가를 이해하는 데 사용됩니다. 한글 SPSS에서 빈도분석 명령을 내리면 **출력결과 [문서]창에 빈도표(Frequency Distribution Table)**로 나타납니다.

빈도표에서 자주 쓰이는 용어를 알아보겠습니다. 한글 SPSS의 분석결과는 모두 한글로 표현되지만, 영문판 SPSS를 가지고 있는 독자들을 위해서 영문표기도 덧붙여 설명하겠습니다.

통계량

(라) 빈곤한 사람들에게 주는 혜택을 줄여야 한다(wc08_5aq3)

N	유효	4184
	결측	536
최빈값		4

(라) 빈곤한 사람들에게 주는 혜택을 줄여야 한다(wc08_5aq3)

		빈도	퍼센트	유효 퍼센트	누적 퍼센트
유효	매우 동의한다	97	2.1	2.3	2.3
	동의한다	① 580	② 12.3	③ 13.9	④ 16.2
	동의도 반대도 하지 않는다	708	15.0	16.9	33.1
	반대한다	2266	48.0	54.2	87.3
	매우 반대한다	521	11.0	12.5	99.7
	선택할 수 없음	12	.3	.3	100.0
	전체	4184	88.6	100.0	
결측	시스템	536	11.4		
전체		4720	100.0		

빈도분석표

① 빈도(Frequency) : 특정 질문에 해당하는 사례수를 의미합니다.
② 퍼센트(Percent) : 특정 질문에 해당하는 사례수의 백분율을 의미합니다.
③ 유효 퍼센트(Valid Percent) : 무응답치나 에러수를 제외한 백분율을 의미합니다.
④ 누적 퍼센트(Cumulative Percent) : 특정 질문에 해당하는 사례수의 백분율과 상위 질문의 백분율을 모두 합한 것을 의미합니다.

히스토그램과 막대도표, 원도표 이용하기

빈도표를 알기 쉽게 요약하는 방법은 막대형 차트도표(Bar chart)와 원형 차트(Pie chart),히스트그램(Histogram)입니다. 이러한 표시 방법을 이용하면 빈도표를 시각적으로 표시하여 통계분석의 결과를 이해하기가 쉽습니다. 그러나 이 방법은 빈도분석에 대한 보조적 기능을 수행할 뿐입니다. 미인은 '화장 발보다 본바탕의 얼굴'로 평가해야 합니다. 이와 마찬가지로 빈도분석의 정확성을 유지하기 위해서는 정확한 빈도수를 가지고 통계분석을 진행해야 합니다.

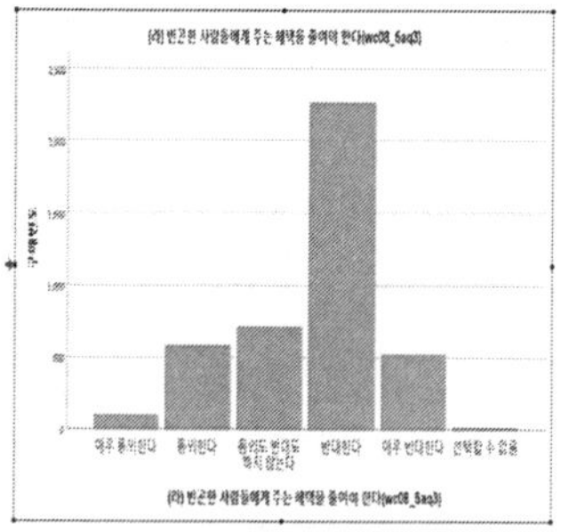

막대형 차트

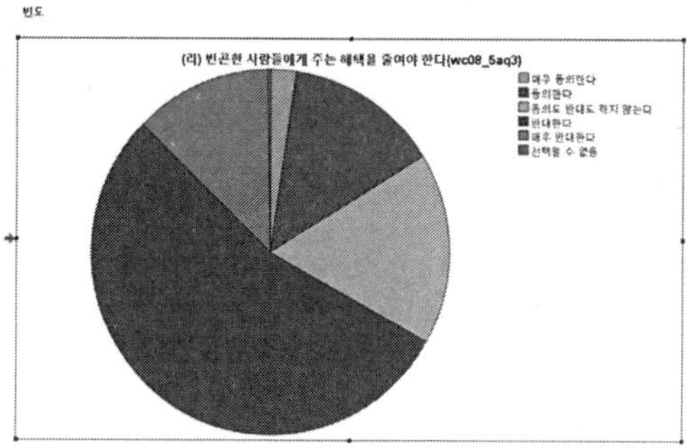

원형 차트

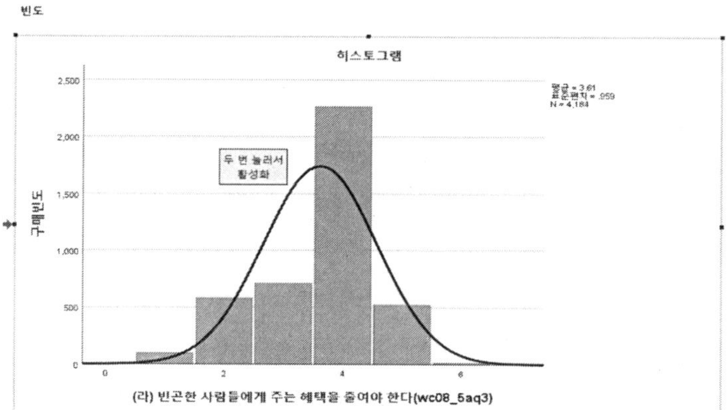

히스트그램

▌빈도분석에 맞는 데이터를 사용하자

빈도분석은 각종 조사연구에서 가장 많이 사용하는 통계 분석 기법입니다. 그러나 등간 데이터의 성향을 가진 경우에는 변수값의 범위가 정해져 있을 때만 사용할 수 있습니다. 또한 변수의 성향에 따라서 통계 분석의 기법이 각각 달라질 수 있다는 사실을 반드시 명심해야 합니다.

만약 이 사실을 조사 담당자가 머릿속에 정확히 기억해 놓지 않으면 변수의 성향에 맞게 통계 분석 기법을 올바르게 적용하지 못하는 실수를 범하기 쉽습니다.

데이터에게는 자기 고유의 색깔이 있습니다. 색깔에 맞는 통계분석 기법을 사용해야지 데이터의 가치를 제대로 이용할 수 있습니다. 빈도분석에서는 명목 데이터나 일정한 범위가 정해져 있는 등간 데이터나 순위 데이터를 주로 사용합니다.

통계분석 기법 결정하기

조사연구의 목적과 주제에 따라 분석기법이 달라집니다. 그래서 조사설계와 설문지를 작성할 때 분석기법을 미리 검토해야 합니다. 조사연구가 끝난 후 절실하게 사용하고 싶은 통계분석 기법이 있어도 질문의 데이터가 통계분석 기법과 맞지 않으면 적절하게 사용할 수 없기 때문입니다. 사람도 궁합이 맞는 사람이 있듯이, 통계분석도 질문 척도와 궁합이 맞는 분석기법들이 있습니다.

1. 지역구 국회의원 의정활동 능력에 대한 평가점수 → (평균값분석)
2. 성별에 따른 YS정권 국정운영능력 평가점수 → (T- 분석)
3. 생활수준(상, 중, 하)에 따르는 행복 만족도 → (일원분산분석)
4. 성별, 계층별에 따른 역대 정권 평가점수 → (이원분산분석)
5. 계층별 지지정당 선호도 → (교차표분석)
6. 교육수준과 정당 선호도의 상관관계 → (상관계수분석)
7. 음주측정도(알코올농도)가 교통사고에 미치는 영향 → (회귀분석)

평균값을 알면 집단의 성격이 보여요

평균값(Mean value)은 정확하게 이야기하면 산술평균(Arithmetic Average)을 의미합니다. 즉, 변수가 어떻게 집중화되어 있는지를 알려줍니다. 따라서 변수값에서 대표되는 수치를 찾아내어 집단의 성격을 파악하는 분석 기법이 바로 평균값 분석입니다.

이 방법은 평균화된 수치로 집단의 성격을 간단 명료하게 설명할 수 있다는 장점을 가지고 있습니다. 계산 방식은 단순합니다. 집단의 구성원이 갖고 있는 변수의 값을 모두 합한 다음 이것을 전체 구성원의 수로 나누면 됩니다.

▌가운데 떠드는 사람 나오시오! 이것이 바로 중위수입니다

중위수(Median : 중앙값이라고도 함)는 평균값처럼 집단의 성격을 대표하는 통계분석 기법의 하나입니다. 쉽게 말해 중위수는 가운데 있는 수를 뜻합니다. 예를 들어, 초등학교 한 반에 1번부터 50번까지 학생이 있을 때 25번째 있는 학생이 중위수입니다. 그러나 중위수가 대표 값으로서 가치를 가지려면 좌우 대칭성이 성립해야 합니다. 대칭성이란 중위수를 중심으로 좌우에 위치해 있는 변수값의 증감율(±)이 같다는 의미입니다.

그러면 중위수를 계산하는 방법을 알아봅시다. 먼저 전체의 빈도수가 짝수일 때는 가운데 위치한 빈도수가 둘이기 때문에 두 값의 평균값이 중위수이고, 홀수일 때는 전체의 빈도수에 1을 더하여 나누면 그 값이 바로 중위수입니다. 이것을 간단한 산수공식으로 표시하면 (N+1)/2입니다(N은 전체 도수).

▌많은 머릿수로 승부를 거는 것이 바로 최빈값입니다

최빈값(Mode)은 특정 질문의 항목에 가장 많이 나온 값을 말합니다. 한 학급 60명에게 친구를 왕따 시킨 이유를 묻어본 결과 36명이 '따돌림당할 만한 행동을 했기 때문'이라고 대답했다면 그 대답이 바로 최빈값입니다. 특정 질문 항목에 변수값이 몰려 있다는 것은 사람의 관심이 가장 높다는 의미입니다. 일반적으로 특정 집단의 성격을 파악하기 위해 최빈값을 주로 많이 사용합니다. 그러나 여러 개의 최빈값이 동시에 발생할 때는 이 통계분석 기법은 별 의미가 없습니다.

▌평균값과 중위수, 최빈값 똑바로 사용하기

평균값, 중위수, 최빈값은 집단의 성격과 특징을 알 수 있는 통계분석 기법입니다. 그러나 지나치게 크거나, 지나치게 작은 변수값이 포함되어 있을 경우에는 평균값보다는 중위수를 구하는 것이 적절합니다. 그리고 최빈값은 복수의 최빈값이 발생할 수 있기 때문에 일반적으로 잘 사용하지 않습니다. 그렇지만 집단의 분포가 정규 분포 성향을 갖고 있을 때는 평균값, 중위수, 최빈값이 일치하므로 최빈값을 사용할 수 있습니다. 통계학자들은 어떠한 통계분석을 하더라도 이것을 빈도표로 정리하면 일정한 틀을 가진다고 가정합니다. 즉, 평균값 주변에 가장 많은 빈도수가 모여 있고, 평균값, 중위수, 최빈값이 모두 같다는 의미입니다. 이 가정을 일정한 틀의 그래프로 표현한 것이 정규분포곡선입니다. 데이터에 따라 평균값도 다르게 구하는 데 명목데이터는 최빈값으로, 등간·비율데이터는 평균값, 순위데이터는 중위수로 구하면 됩니다.

데이터 종류	명목데이터	등간 및 비율데이터	순위데이터
평균값 측정	최빈값	산술평균값	중위수

정규분포곡선이란?

일반적으로 조사한 전체 변수값은 그 분포가 중앙에 집중적으로 분산되어 있습니다. 이들 모양을 종모양(Bell-shape)이라고 합니다. 그래프로 표현하면 옆 그림과 같습니다. 바로 이러한 분포를 통계학적으로 표준화시킨 것이 정규분포표입니다.

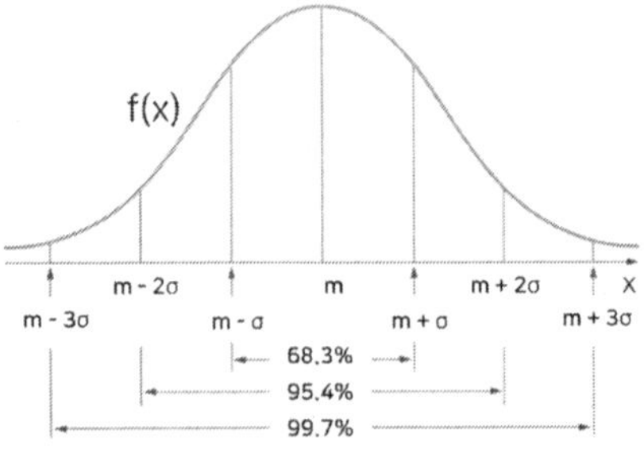

정규분포의 특징은 좌우대칭성이고 첨도가 0인 성향을 가지며, 평균은 0이며 표준편차는 1입니다. 그리고 Z값은 정규분포상에서 통계의 면적을 말합니다. 즉, Z=0에서 1사이일 때의 넓이값 〈34.13〉은 해당 변수가 속해 있는 확률 정도를 의미합니다.

▶ 평균값을 나타내는 0에서 오른쪽으로 일정한 거리에 가서 전체 도수의 34.13%가 속해 있는 Z값은 1입니다.

▶ 평균값을 나타내는 0에서 오른쪽으로 일정한 거리에 가서 전체 도수의 47.72%가 속해 있는 Z값은 2입니다.

▶ 평균값을 나타내는 0에서 오른쪽으로 일정한 거리에 가서 전체 도수의 49.87%가 속해 있는 Z값은 3입니다.

▶ 평균값을 나타내는 0에서 왼쪽으로 일정한 거리에 있는 Z값은 오른쪽의 Z값과 동일합니다.

▶ 통계학에서 오른쪽이나 왼쪽(일방검증) 또는 좌우대칭(양방검증)의 Z값을 나타낼 수 있습니다. (−1과 1사이의 Z값 68.3%, −2와 2사이의 Z값 95.4%, −3과 3사이의 Z값 99.7%)

▶ 정규분포표는 통계학자들이 가정하여 만들어 놓은 일종의 확률분포표이지만 정치 현상이나 사회현상에 대한 예측 분석을 위해서 이에 대한 기초 사용법 정도는 알아둘 필요가 있습니다.

산포도는 먹는 포도가 아닙니다

산포도(Dispersion)는 특정 질문에 대한 응답이 평균값 주변에 어떻게 모여 있는지 알려줍니다. 이것을 유식한 통계학적 표현으로는 기술통계분석(Descriptive Analysis)이라고 합니다. 따라서 산포도를 보면 변수값이 평균값 주변에 가까이 모여 있는지, 멀리 떨어져 있는지를 알 수 있습니다. 자! 그러면 산포도를 측정하는 분석기법은 어떤 것이 있는지 하나하나 공부해 봅시다.

최소값, 최대값, 범위

최소값(Minimum)과 최대값(Maximum)은 특정 질문에 해당하는 변수의 값이 가장 적은 빈도수와 가장 큰 빈도수를 말합니다. 그리고 가장 큰 빈도수와 가장 적은 빈도수 간의 차이를 범위(Range)라고 합니다. 범위는 크면 클수록 평균값 주변에서 떨어져 있고, 최소값과 최대값의 둘 중 하나가 지나치게 크거나, 작을 경우에는 산포도의 정도는 의미가 없다고 해석할 수 있습니다.

표준편차

표준편차(Standard Deviation)는 변수값이 평균값에서 어느 정도 떨어져 있는지를 알 수 있는 산포도 측정도구입니다. 표준편차를 구하는 공식은 '제곱편차의 루트값'입니다. 제곱편차는 표준편차를 구하는 과정의 값이라고 생각하면 됩니다. 왜냐하면 표준편차를 이해하기 위해서 사용되는 일종의 징검다리값이기 때문입니다. 그러므로 초보자는 표준편차의 원리만 이해하셔도 됩니다. 왜냐구요?

SPSS가 척척 알아서 제곱편차를 계산해 주기 때문입니다. 표준편차가 작을수록 평균값 주변에 몰려 있고 클수록 평균값에서 멀리 떨어져 있습니다. 또한 변수값의 단위가 커지면 표준편차도 커집니다. 표준편차는 어느 정도면 수치가 작은지 큰지를 결정하는 기준 설정에 문제가 있습니다. 기준은 한글 SPSS 통계 프로그램이 알아서 처리해 주는 것이 아니라, 조사 담당자가 판단하여 정해야 합니다. 이러한 기준 설정문제 때문에 일반적으로 분산의 정도를 측정하는 데 사용하기보다는 추측통계에서 가설 검정을 하는 데 주로 사용합니다.

조사 연구의 목적에 따라 분석된 결과를 바탕으로 하여 각 변수들의 평균, 분포 상태, 표준 편차, 상관관계 등의 통계값을 구하는 과정을 기술통계라 하며, 모집단의 일정 규모를 표본추출하여 진행한 조사의 결과가 실제 모집단과 어떠한 차이가 있는지를 파악하는 데 사용하는 통계분석 기법이 추측통계입니다. 그러나 실제 조사연구에서는 기술 통계와 추측 통계가 상호보완적으로 사용되고 있기 때문에 엄밀한 구분은 사실상 의미가 없습니다.

표준오차 – 조사연구는 점쟁이가 아니다

표준오차(Standard error)는 특정 질문 항목의 평균값을 이용하여 모집단의 평균값을 알아보기 위한 추측 또는 예측의 개념입니다. 표준오차는 표준편차를 전체 표본수의 루트값으로 나누면 나옵니다. 그러나 사회현상에는 100%의

완전한 예측이란 있을 수 없습니다.

어떠한 분석에도 오차가 항상 발견될 수 있습니다. 조사 담당자들이 미리 몇 %의 오차율을 설정하여 통계분석을 하기 때문에 오차의 소지는 늘 있게 마련입니다. 따라서 조사 담당자들이 신뢰구간을 몇 퍼센트로 설정할 것인가에 따라 통계분석의 결과가 다르게 나타날 수도 있습니다. 신뢰구간이라는 말은 조사연구 신뢰성의 확률정도를 의미합니다.

보통 90%, 95%, 99%를 사용하는데, 보통 조사연구에서는 95%의 신뢰구간을 주로 사용합니다. 여기에 조사 연구의 함정이 있습니다. 조사 담당자가 불순한 목적을 가지고, 신뢰구간을 조작한다면 입맛(?)에 맞는 조사결과를 충분히 조작할 수 있습니다. 함정을 최소한으로 줄이기 위해서는 과학적인 조사와 분석 결과를 올바르게 해석하려는 조사 담당자의 건강한 도덕성이 절대적으로 필요합니다.

홀쭉이와 뚱뚱이를 알아보는 사람은 왜도(비대칭도)를 금방 알 수 있다

왜도(Skewness)는 빈도분포가 평균값을 중심으로 좌우대칭을 이루지 않고 좌우의 어느 한쪽으로 치우쳐 있는 경우를 말합니다. 왜도의 종류는 평균값이 비정상적으로 낮은 부(−)의 왜도와 평균값이 비정상적으로 높은 정(+)의 왜도가 있습니다. 정(+)의 왜도는 사례수의 변수값 일부가 월등하게 높아 평균값이 의도적으로 높아진 상태를 의미합니다. 이 경우에는 빈도 분포곡선의 형태는 〈최빈값 → 중위수 → 평균값〉의 순으로 곡선이 왼쪽에서 오른쪽으로 늘어져 있습니다.

왜도(skewness)
분포가 기울어진 방향과 정도를 나타내는 양
왼쪽으로 더 기울어져 있으면 왜도는 양수(+)값
오른쪽으로 기울어져 있으면 음수(−)
왜도의 공식을 3차 적률식이라고도 함

왜도 공식

$$\bullet\ S_k = \frac{\sum_{i=1}^{n}(X-\overline{X})^3}{n}$$

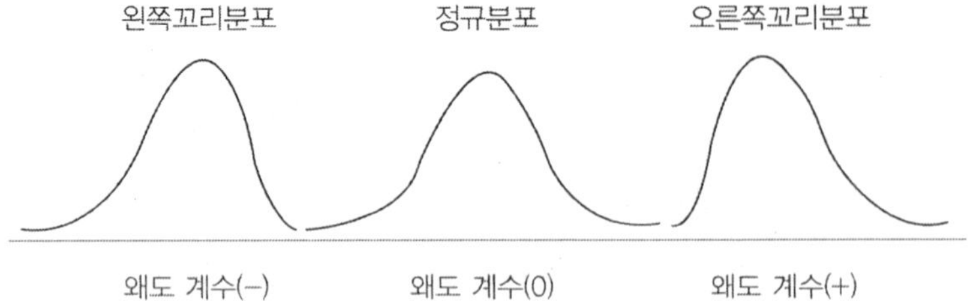

부(-)의 왜도는 사례수의 변수값 일부가 월등하게 낮아 평균값이 의도적으로 낮아진 상태를 의미합니다. 이 경우에는 빈도 분포곡선의 형태는 〈평균값→중위수→최빈값〉의 순으로 왼쪽에서 오른쪽으로 올라가는 형태를 취하고 있습니다. 또한 왜도의 값이 0에 가까우면 정규 분포 성향이 높다고 해석합니다. 만약에 비대칭성이 존재할 경우 집단의 성격을 분석하는 데에는 평균값보다는 중위수를 사용하는 것이 효과적입니다.

꼭지점의 높낮이를 보여주는 첨도

첨도(Kurtosis)란 주어진 빈도 분포 곡선이 정규 분포 곡선에 비해 꼭지점이 높은지 낮은지를 표시해 주는 통계분석 기법입니다. 첨도의 종류에는 비슷한 값을 택한 응답자가 많아 빈도 분포 곡선이 편편하다는 부(−)의 첨도가 있고, 아주 다른 값을 택한 응답자가 많아 빈도 분포도가 뾰족하다는 정(+)의 첨도가 있습니다. 그리고 첨도값이 0에 가까우면 정규 분포 성향을 가진다고 정의할 수 있습니다.

첨도(kurtosis)

분포가 얼마나 중심에 집중되어 있는가?

다시 말해서 분포의 중심이 얼마나 뾰족한가를 측정

첨도의 공식을 4차 적률식이라고도 함

첨도 공식

$$\bullet\ \alpha_k = \frac{\dfrac{\sum_{i=1}^{n}(X-\overline{X})^4}{n}}{s^4} = \frac{m_4}{s_4}$$

- 정규분포이면 $A_4 = 3$
- 정규분포보다 높은 봉우리를 가지면 $a_4 > 3$
- 정규분포보다 낮은 봉우리를 가지면 $a_4 < 3$
- $b = a_4 - 3$으로 첨도계수를 계산하기도 함

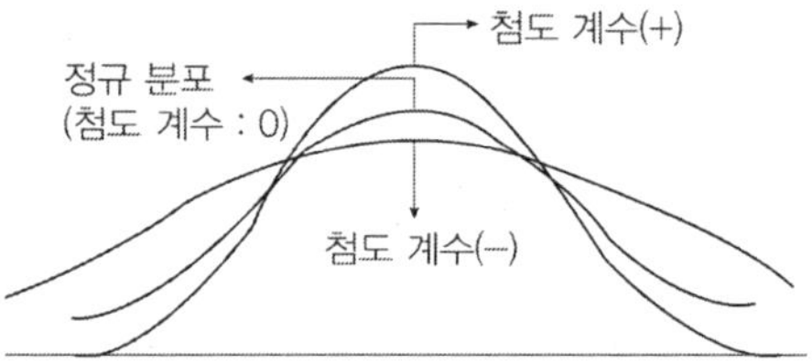

빈도분석 따라 배우기

소득에 따른 세금 저항에 관한 인식 중 가장 많은 빈도수와 비율을 알아보고자 합니다. 그리고 소득에 따른 세금 저항에 관한 인식의 분포 상태를 기술통계 분석을 이용하여 파악하고자 합니다.

예제 데이터 〈Koweps_wc08_2013_beta10.sav〉 파일을 이용하세요.

문 14) 나보다 돈을 많이 벌면서 세금을 적게 내는 사람이 많다고 생각하십니까? □

① 매우 그렇다
② 그렇다
③ 대체로 그렇다
④ 보통이다
⑤ 대체로 그렇지 않다
⑥ 그렇지 않다
⑦ 전혀 그렇지 않다

한글 SPSS에서 〈wc08_58〉 변수를 선택하세요

1. 한글 SPSS 메뉴에서 **[분석(A)]** → **기술통계량(E)** → **빈도분석(F)...**을 선택하세요.

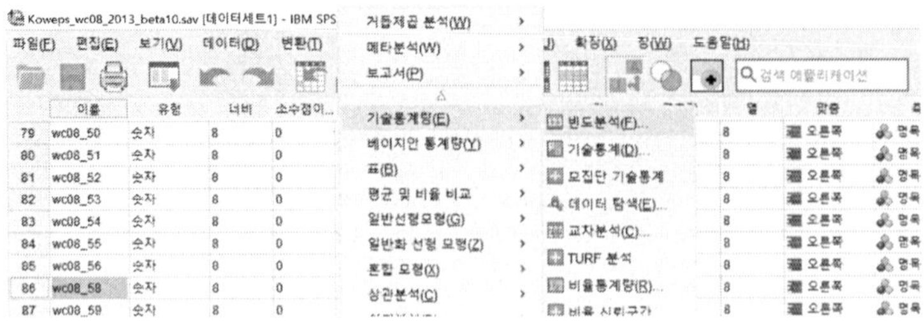

SPSS의 분석(A) 메뉴

2. 빈도분석 대화상자가 나올 것입니다. 여기서 분석하고자 하는 <u>변수(wc08_58)</u>를 클릭하여 변수(<u>V</u>) 난으로 이동시킵니다.

원하는 변수를 마우스로 선택하고 푸시 단추를 클릭하면 원하는 변수가 이동합니다. 그리고 〈통계량(S)...〉을 선택하세요.

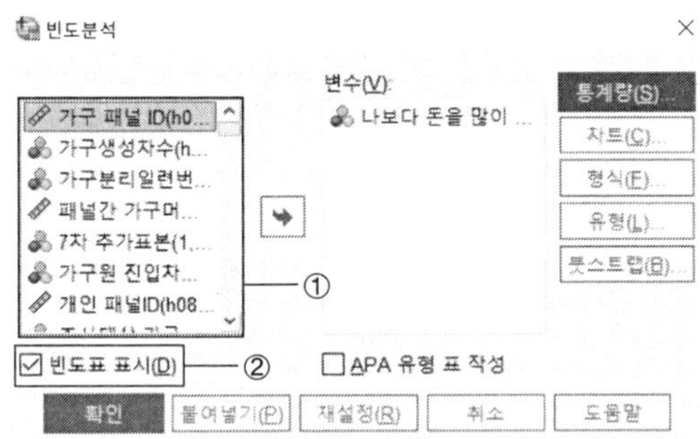

빈도분석 대화상자

① 여기에서 〈wc08_58〉 변수를 클릭하여 푸시 단추를 누르세요.
② 여기에 체크 표시가 되어 있지 않으면 빈도표가 나타나지 않습니다.

3. 그럼 빈도분석: 통계량 대화상자가 열립니다. 여기에서 다음과 같이 옵션을 선택하고 〈계속〉을 누르세요.

그럼 다시 빈도분석 대화상자가 열립니다.

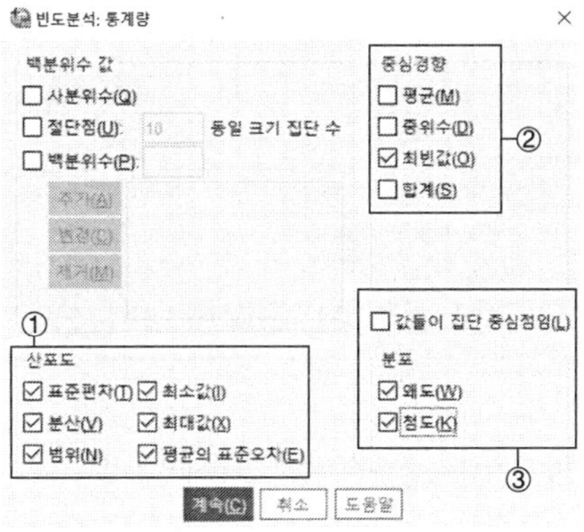

산포도, 중심경향, 분포의 정도를 표시하는 빈도분석: 통계량 대화상자

① 산포도 : 기술통계 형식을 지정합니다.
- 표준편차(T) : 분산의 제곱근
- 분산(V) : 각 편차의 제곱 합을 관찰치 수로 나눈 값
- 범위(N) : 데이터의 최소값과 최대값의 차이값
- 최소값(I) : 데이터의 최소값
- 최대값(X) : 데이터의 최대값
- 평균의 표준오차(E) : 표본평균의 분산에 제곱근을 취한 표본편차

② 중심경향 : 각종 평균값의 형식을 지정합니다.
- 최빈값(M) : 빈도수가 가장 많이 나타난 사례수 값

③ 분포 : 분포의 정도를 지정합니다.
- 왜도(W) : 분포가 한쪽으로 치우쳐 있는지를 판단하는 비대칭도
- 첨도(K) : 빈도분포곡선이 정규분포곡선에 비해 꼭지점이 높은지 낮은지를 표시해 주는 정도

4. 빈도분석 대화상자에서 〈차트(C)...〉를 선택하면 빈도분석 : 차트 대화상자가 열립니다.

   오른쪽의 그림처럼 옵션을 선택하고 〈계속〉을 클릭하세요. 그럼 다시 빈도분석 대화상자가 열릴 것입니다.

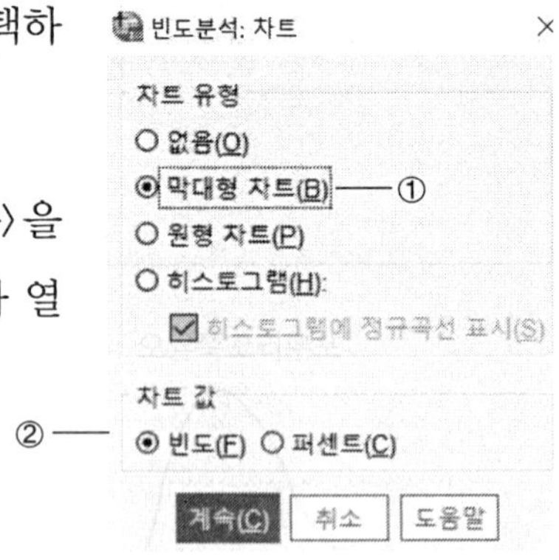

그래프의 형식과 비율을 표시하는 빈도분석 : 도표 대화상자

① 차트 유형 : 그래프의 형식을 지정합니다.
- 막대형 차트(B) : 막대 형식의 도표

② 차트 값 : 도표 비율의 표시 형식을 지정합니다.
- 빈도(F) : 세로축에 빈도수를 표시 (기본 설정)

5. 그 다음은 빈도분석 대화상자에서 〈형식(F)...〉을 선택합니다. 그럼 빈도분석 : 형식 대화상자가 열립니다.

   다음과 같이 옵션을 선택하고, 〈계속〉을 누르세요. 그런 다음 빈도분석 대화상자에서 〈확인〉 단추를 눌러주면 **출력결과 [문서]창**에 빈도분석의 결과가 나타납니다.

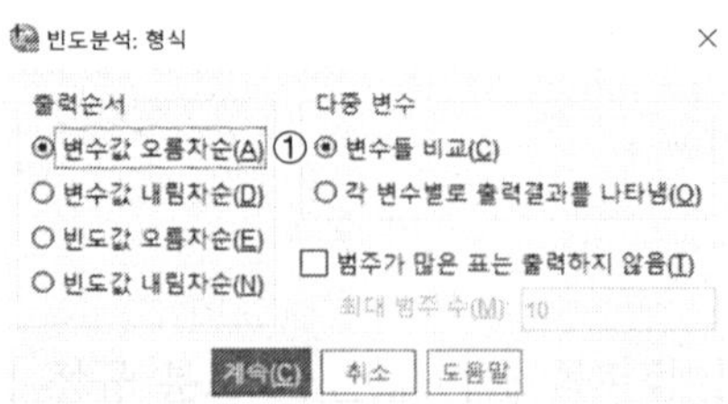

데이터의 정리방법을 지정하는 빈도분석 : 형식 대화상자

① 출력순서 : 변수값을 정리하는 형식을 지정합니다.
- 변수값 오름차순(A) : 변수값을 오름차순으로 정리합니다.

▌빈도분석 결과 빠르게 해석하기

영어 문장을 해석하는 데도 규칙이 있고, 레스토랑에서 밥을 먹어도 그 나름대로의 식사규칙이 있습니다. 이처럼 세상 사물들은 모두가 자기 나름의 규칙을 가지고 있습니다.

SPSS 분석결과를 해석하는 데도 규칙이 있습니다. 규칙만 정확히 숙지하고 있다면 SPSS의 분석결과를 쉽게 해석해 낼 수 있습니다. '모로 가도 서울만 가면 된다'라는 속담이 있습니다.

물론 대충 적당히 넘어가자는 소리는 결코 아닙니다. 그러나 쉽게 갈 수 있는 길도 어렵게 갈 필요는 없습니다. 이제부터 설명하는 각종 해석 예제를 꼼꼼하게 살펴본다면 어떤 조사 연구 결과든 거뜬히 혼자서도 해석해 낼 수 있을 것입니다.

휘발유만 넣으면 모든 차는 움직이듯이 각기 다른 조사 연구를 진행했다하더라도 해석하는 원칙만 올바르게 적용한다면 모두 다 해석이 가능합니다.

▌한글 SPSS 분석 결과를 손쉽게 해석하는 방법은

첫째, 책에 나오는 각 분석기법의 핵심 내용을 정확히 기억해야 합니다. 그리고 해석이 제대로 되지 않는 부분은 다시 한번 핵심내용을 읽어보십시오.

둘째, 여러분이 가지고 있는 데이터를 분석 절차에 따라 각 통계분석 기법을 그대로 적용해 봅니다. 이때 옵션 명령어는 책에서 지시하는 순서대로 선택하여 통계분석을 단숨에 따라해 봅니다.

셋째, 분석결과가 나오면 이 책에서 해석한 방식대로 똑같이 해석해 봅니다. 물론 통계량 수치는 다르게 나오겠지요. 이 점은 신경 쓰지 말고 통계량 수치를 대입하면서 해석의 규칙에 따라 적용만 하면 됩니다. 자! 이제 분석해 볼까요?

1. 기술통계분석 이해하기

다음 설문에 대한 응답이 어떻게 나왔는지 살펴봅시다.

문 14) 나보다 돈을 많이 벌면서 세금을 적게 내는 사람이 많다고 생각하십니까? □

① 매우 그렇다
② 그렇다
③ 대체로 그렇다
④ 보통이다
⑤ 대체로 그렇지 않다
⑥ 그렇지 않다
⑦ 전혀 그렇지 않다

한글 SPSS에서 〈wc08_58〉 변수입니다.

통계량

나보다 돈을 많이 벌면서 세금을 적게 내는 사람이 많다(wc08_58)

N	유효	4178	①
	결측	542	
표준화 평균 오차		.017	
최빈값		2	②
표준화 편차		1.071	
분산		1.148	
왜도		1.161	③
표준화 왜도 오차		.038	
첨도		1.140	④
표준화 첨도 오차		.076	
범위		5	⑤
최소값		1	
최대값		6	

빈도분석 : 통계량 대화상자에서 선택한 결과입니다.

① 설문 응답자(빈도수)는 총 4178명이며, 결측 및 무응답치는 542명입니다.

② 이 데이터는 명목 데이터이므로 평균값 측정은 최빈값으로 평가해야 합니다. 즉, 최빈값이 2(그렇다)이므로 소득에 따른 세금 저항에 관한 인식 중, 〈그렇다〉가 가장 많이 나왔습니다.

③ 왜도는 1.161로 정(+)의 왜도이며 빈도 분포 곡선이 '최빈값 → 중위수 → 평균값'의 순으로 왼쪽에서 오른쪽으로 늘어져 있습니다.

④ 첨도(Kurtosis)는 1.140로서 정(+–)의 첨도이며, 아주 비슷비슷한 값을 선택한 응답자가 많아서 빈도 분포 곡선이 편편하다는 것을 의미합니다.

⑤ 최소값(Minimum)은 1(① 매우 그렇다)이고, 최대값(Maximum)은 7(⑦ 전혀 그렇지 않다)입니다. 그리고 각각의 표준 편차, 분산이 나와 있습니다.

2. 소득에 따른 세금 저항에 관한 인식에 대한 빈도표 분석하기

나보다 돈을 많이 벌면서 세금을 적게 내는 사람이 많다 (wc08_58)

		빈도	퍼센트	유효 퍼센트	누적 퍼센트
유효	1	1332	28.2	31.9	31.9
	2	1828	38.7	43.8	75.6
	3	529	11.2	12.7	88.3
	4	325	6.9	7.8	96.1
	5	137	2.9	3.3	99.4
	6	27	.6	.6	100.0
	전체	4178	88.5	100.0	
결측	7	5	.1		
	9	1	.0		
	시스템	536	11.4		
	전체	542	11.5		
전체		4720	100.0		

빈도분석 대화상자에서 빈도표 출력을 선택한 결과입니다

빈도, 퍼센트, 유효 퍼센트(누락 데이터를 제외한 나머지 빈도수의 백분율), 누적 퍼센트 등을 표시하고 있습니다. 그리고 누락된 데이터가 없으면 퍼센트와 유효 퍼센트의 총합계 수치는 항상 100%으로 나타납니다.

최빈값이 2(그렇다)이므로 소득에 따른 세금 저항에 관한 인식 중, 〈그렇다〉가 가장 많이 나왔습니다. 2(그렇다)를 선택한 사례수(1828명, 43.8%)가 최빈값과 마찬가지로 가장 많은 빈도수를 차지하는 것으로 나타나고 있습니다.

3. 막대 차트 마냥 바라보기

막대 차트에서 왼쪽 축은 빈도수를 나타냅니다. 각 항목별로 빈도수가 막대도표로 표현되어 있습니다.

이중 '2(그렇다)'가 가장 높이 분포되어 있습니다. 막대도표의 세로 축은 조사 담당자의 목적에 따라 비율이나 빈도수 어느 것이나 표시할 수 있습니다.

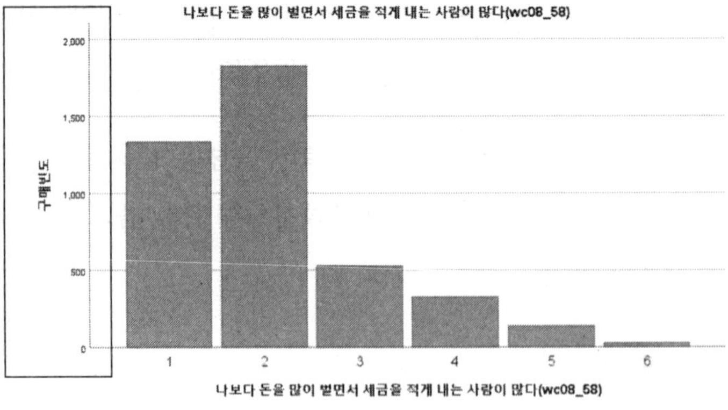

빈도분석: 도표 대화상자를 선택한 결과입니다

▌한글 SPSS 분석 결과를 MS워드로 옮기기

여러분이 초보자라면 분석 결과를 한글 SPSS의 출력결과 [문서]창에 멋지게 편집하기 어려울 것입니다. 그렇다면 한글 SPSS와 호환이 되는 한글 워드나 MS워드로 옮겨서 편집해 보세요. 여기에서는 MS워드에서 편집하는 방법을 소개하겠습니다.

1. 출력결과 [문서]창에서 한글 워드로 옮기고 싶은 내용을 클릭하세요. 그리고 한글 SPSS 메뉴에서 **[파일(F)] → 내보내기(T)...**를 선택하세요.

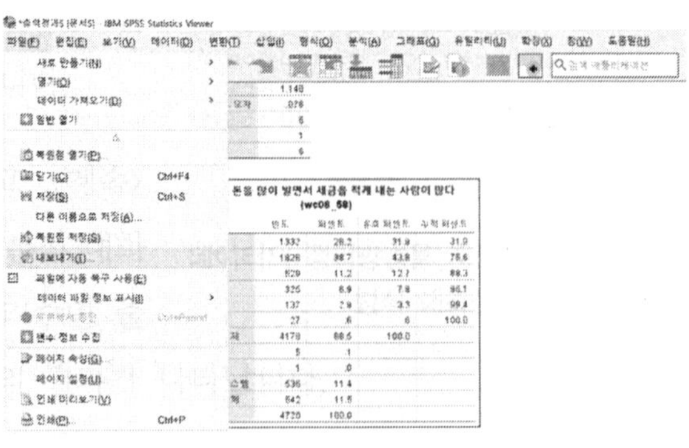

SPSS의 [파일(F)] 메뉴

2. 내보내기 출력결과 대화상자가 나타납니다.

   다음과 같이 옵션을 선택하고 〈확인〉을 눌러주면 분석결과가 저장됩니다.

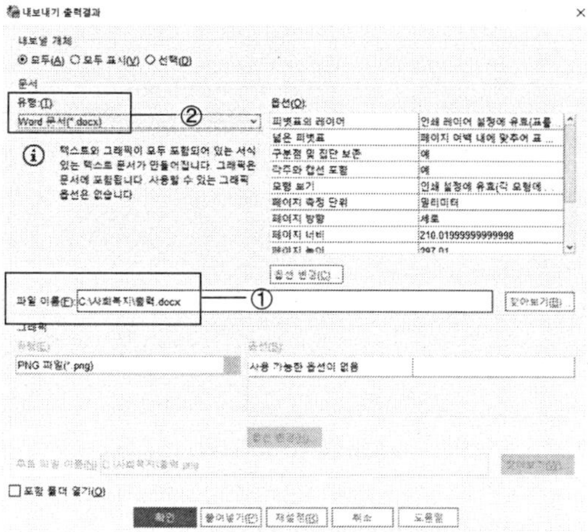

내보내기 출력결과 대화상자

① 경로는 조사 담당자가 저장하기 편한 폴더를 선택합니다. 여기에서는 임의로 'C:₩사회복지' 폴더에 저장하였습니다.
② 내보내기 파일 유형은 Word 형식으로 지정합니다.

3. 일단 한글 SPSS를 닫고 MS워드를 실행하세요.

   MS워드의 **[파일]** → **열기...**를 선택하세요.

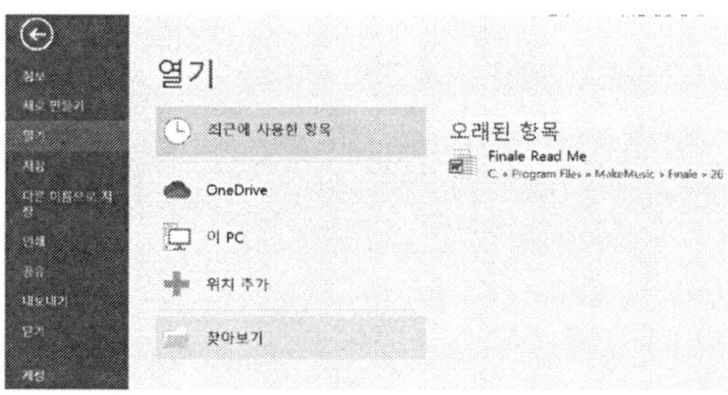

4. 열기 대화상자에서 다음과 같이 지정하고 출력 파일을 클릭하고 〈열기〉를 누르세요.

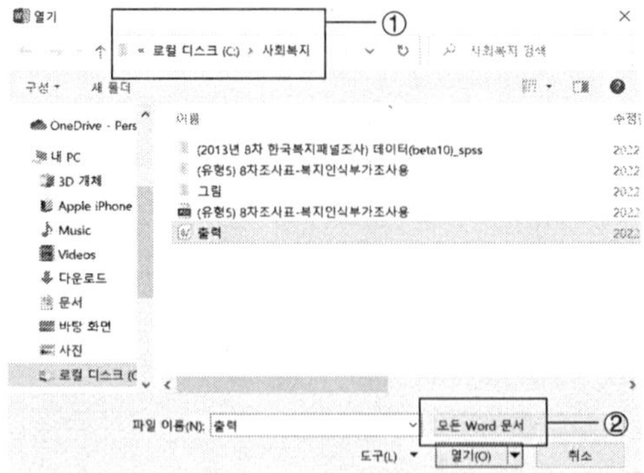

열기 대화상자

① 저장한 '사회복지' 폴더를 마우스로 클릭하여 지정합니다.

② 파일이용은 모든 'Word 문서'로 지정합니다.

5. MS워드를 실행하세요. 한글 SPSS에서 저장한 결과가 MS 워드 문서로 나타납니다.

이제 MS워드 편집 메뉴를 이용하여 위치와 크기 등을 여러분이 원하는 대로 편집하면 됩니다. 편집이 끝난 후 MS워드로 저장해 주면 됩니다.

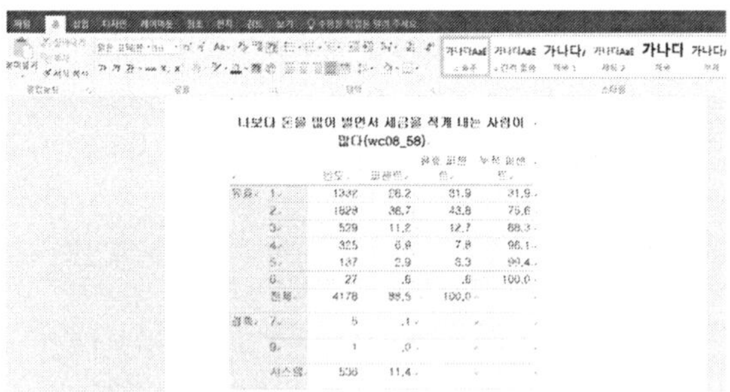

SPSS 분석 결과가 MS워드에 출력된 상태

03-3 비모수 통계분석의 콜모고로프(Kolmogorov-Smirnov) 적합도 분석

일반적으로 어떠한 통계분석을 하더라도 이것을 빈도표로 정리하면 일정한 틀을 가진다고 가정합니다. 종 모양의 대칭분포을 가지면서 평균값, 중위수, 최빈값이 모두 같은 정규분포 성향을 가집니다. 이러한 가정을 일정한 그래프로 표현한 것이 정규분포곡선(Normal curve)입니다.

조사 연구 결과의 정규분포 성향을 일차적으로 파악하는 것이 통계분석의 가장 기본적인 절차입니다. 조사연구 결과의 분포상태가 통계적으로 정규분포 성향과 일치하는지의 여부를 검정할 때 비모수 통계분석의 콜모고로프(Kolmogorov-Smirnov) 적합도 분석을 사용합니다.

이 통계분석을 사용하기 위해서는 데이터가 최소한 순위데이터 이상이어야 하며, 연속적 분포를 가정할 수 있어야 합니다.

다음과 같은 가설을 설정하고, 정치 관심도가 정규 분포 성향을 가지고 있는지를 검정하고자 합니다.

문 19) 귀하는 개인적으로 정치에 어느 정도 관심이 있으십니까? ☐

① 매우 관심이 있다
② 상당히 관심이 있다
③ 다소 관심이 있다
④ 별로 관심이 없다
⑤ 전혀 관심이 없다
⑥ 선택할 수 없음

SPSS에서 〈wc08_5aq4〉 변수를 선택하세요

귀무가설(H0) : 정치 관심도는 정규분포의 성향을 가지지 않는다.
대립가설(H1) : 정치 관심도는 정규분포의 성향을 가진다.

1. 한글 SPSS 메뉴에서 **[분석(A)] → 비모수 검정(N) → 일분포(O)...**를 선택하세요.

SPSS의 분석(A) 메뉴

2. 일표본 비모수 검정 대화상자가 나올 것입니다.

   여기서 〈목적〉 난에서 ◎ 관측데이터와 가설값 자동으로 비교(U)를 선택합니다.

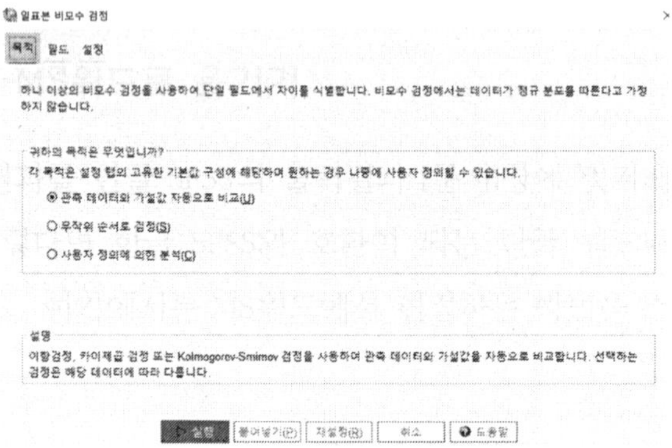

일표본 비모수 검정의 목적 난 대화상자

3. 일표본 비모수 검정 대화상자의 〈필드〉 난에서 검증하고자 하는 변수(wc08_5aq4)를 클릭하여 검정 필드(T) 난으로 이동시킵니다.

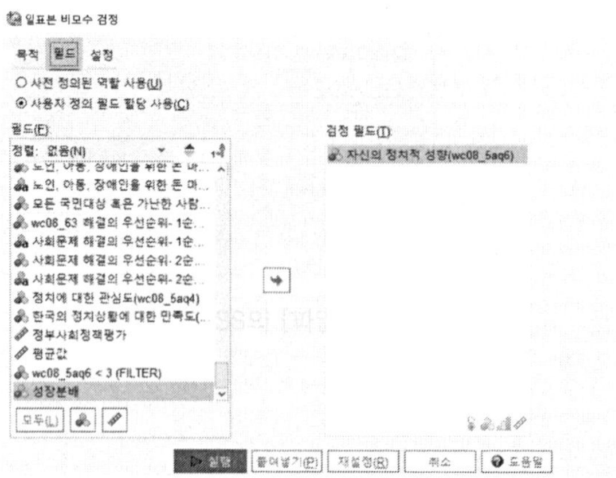

일표본 비모수 검정의 필드 난 대화상자

4. 일표본 비모수 검정 대화상자의 〈설정〉 난에서 사용자 정의에 의한 검정(T) 관측 분포를 가설값으로 검정을 선택합니다.

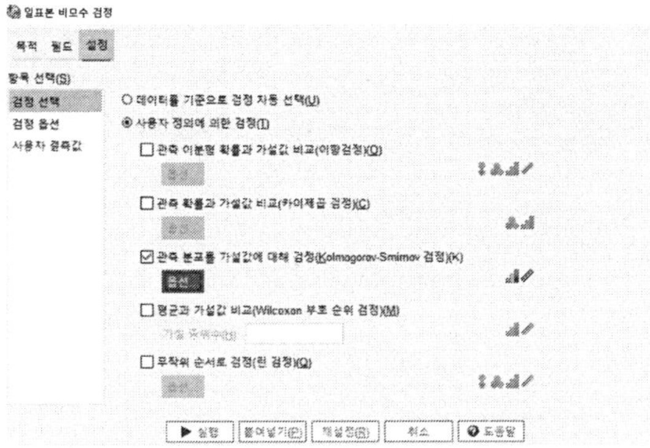

일표본 비모수 검증의 설정 난 대화상자

그런 다음 일표본 콜모고로프(Kolmogorov-Smirnov) 검정 대화상자에서 〈실행〉 단추를 눌러주면, 일모수 검정 분석 결과가 나타납니다.

귀무가설과 대립가설의 차이점

가설은 실제적인 사실에 앞서 잠정적으로 내린 진술이며 논리적으로 검정할 수 있는 명제입니다. 가설에는 귀무가설과 대립가설 두 가지가 있습니다. 귀무가설은 연구대상에서 검정의 대상이 되는 가설을 말하며, 귀무가설이 받아들여지지 못할 때 받아들여지는 가설을 대립가설 또는 연구가설이라고 합니다.
일반적으로 현재까지 주장되어 온 사실을 귀무가설로 설정하고, 기존 연구 결과로부터 새로운 결과를 도출하는 주장을 대립가설로 설정합니다. 귀무가설를 극복하고 대립가설을 채택하는 것이 새로운 연구결과를 더 많이 창출할 수 있습니다. 왜냐하면 기존 연구결과의 귀무가설보다는 새로운 연구결과의 대립가설이 더 많은 정보를 주기 때문입니다. 흔히 귀무가설을 〈H0〉으로 표현하고, 〈H1〉을 대립가설로 표현합니다.

▌비모수 검정분석 빠르게 해석하기

1. 일표본 카이제곱 검정 이해하기

비모수 검정

가설검정 요약

	영가설	검정	CTT 유의확률[a,b]	의사결정
1	자신의 정치적 성향(wc08_5aq6)의 범주는 등확률로 발생합니다.	일표본 카이제곱 검정	<.001	영가설을 기각합니다.

a. 유의수준은 .050입니다.
b. 근사 유의확률이 표시됩니다.

일표본 카이제곱 검정

자신의 정치적 성향(wc08_5aq6)

일표본 카이제곱 검정 요약

전체 N	4184
검정 통계량	3687.242[a]
자유도	6
근사 유의확률(양측검정)	<.001

a. 기대값이 5 미만인 0개 셀 (0%)이(가) 있습니다. 최소 기대값은 597.714입니다.

정치 관심도가 정규 분포 성향을 가지고 있는지를 검정한 결과, 콜모고로프(Kolmogorov-Smirnov) 검정 카이제곱값은 3687.242로 나타났고, 이에 대한 근사 유의확률(양쪽) 0,001이 0.05보다 작기 때문에(P=0.001 > 0.05) 정치관심도가 정규분포성향을 이룬다는 대립가설을 채택할 수 있습니다.

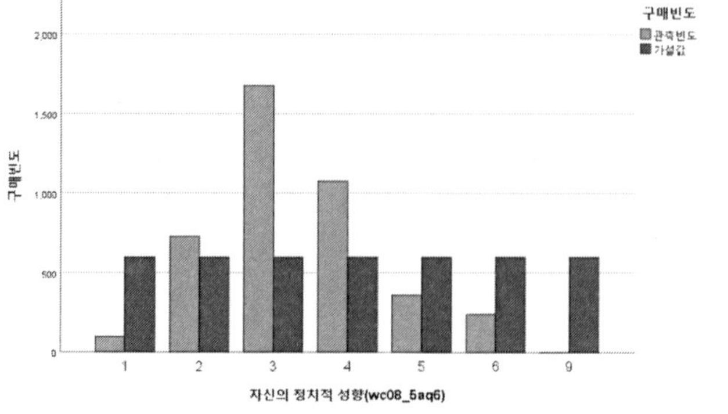

03-4 교차로 기능과 아주 닮은 교차분석 배우기

교차로는 교통 흐름을 제어하는 중요한 도로입니다. 교차로가 원활히 소통되지 않으면 엄청난 교통 정체를 맞이합니다. 이와 마찬가지로 복잡한 조사연구 결과를 분류기준에 따라 손쉽게 파악하는 통계분석의 '교차로' 기능이 있습니다. 바로 교차분석(Crosstabulation)입니다.

교차분석은 명목 데이터(성별, 지역별, 직업별, 교육 수준별) 및 순위・등간 데이터의 성향을 갖고 있는 사회의 가치 내용을 분석하기 위해 사용되는 통계분석 기법입니다.

교차 분석은 한 변수에 속한 빈도수와 다른 변수에 속한 빈도수를 함께 교차로 분석합니다. 이 기법은 두 변수 사이에 상관관계가 존재하는지, 있다면 상관관계의 정도가 강한지 아니면 약한지를 분석하는 데 주로 사용합니다.

▌교차표 이해하기

빈도표가 한 변수의 값에 빈도수가 몇 개인지를 분석하는 데 반해, 교차표는 두 변수의 값이 공유하고 있는 빈도수가 몇 개인지를 파악합니다. 그리고 교차표에 사용할 수 있는 데이터는 명목 데이터나, 순위 데이터의 성향을 가진 변수이어야 하며, 변수값의 범위는 변수 항목이 무제한적으로 있는 것이 아니라, 일정한 항목만큼 있어야 합니다.

왜냐하면 교차표 분석에서는 변수값이 아니라 각 변수의 값에 속한 빈도수를 가지고 통계 분석을 시작하기 때문입니다. 예를 들어, 다음과 같은 '소득에 따른 세금 저항에 관한 인식 빈도표'는 각 응답에 몇 명이나 응답했는지만 알 수 있습니다.

문 14) 나보다 돈을 많이 벌면서 세금을 적게 내는 사람이 많다고 생각하십니까? □

① 매우 그렇다
② 그렇다
③ 대체로 그렇다
④ 보통이다
⑤ 대체로 그렇지 않다
⑥ 그렇지 않다
⑦ 전혀 그렇지 않다

▶ 한글 SPSS에서 〈wc08_58〉 변수를 선택하세요.

그러나 다음과 같이 '소득에 따른 세금 저항에 관한 인식 중 '매우 그렇다'를 선택한 사람 중 〈평등사회〉 인식자는 몇 퍼센트인지, 〈불평등사회〉 인식자는 몇 퍼센트인지 교차해서 분석할 수 있습니다.

아래의 설문은 〈2장 데이터 파일 손쉽게 따라 만들기〉에서 〈같은 변수로 만들기〉로 재분류하여 아래의 설문으로 재구성하였습니다.

문3) 우리나라는 소득이나 재산에 있어서 얼마나 평등하다고 생각하십니까?
① 평등사회 ② 중간사회 ③ 불평등사회

한글 SPSS에서 〈wc08_3〉 변수를 선택하세요.

교차분석표를 보는 방법을 알아볼까요? 〈불평등사회〉 인식자 중에서 "부자들이 세금을 적게 내는 사람이 많다"라는 질문에 〈매우 그렇다〉라고 선택한 부분만 봅시다. 전체 응답자 4178명 중 〈매우 그렇다〉를 선택한 사람은 1332명이고 〈불평등 사회 인식자〉에서는 〈매우 그렇다〉를 선택한 사람은 754명(18%)이다.

소득, 재산의 평등정도(wc08_3) * 나보다 돈을 많이 벌면서 세금을 적게 내는 사람이 많다(wc08_58) 교차표

		①	매우 그렇다	그렇다	대체로 그렇다	보통이다	대체로 그렇지 않다	그렇지 않다	전체
소득, 재산의 평등정도 (wc08_3)	평등사회	빈도	578	1001	376	229	96	15	2295
		소득, 재산의 평등정도 (wc08_3) 중 %	25.2%	43.6%	16.4%	10.0%	4.2%	0.7%	100.0%
		나보다 돈을 많이 벌면서 세금을 적게 내는 사람이 많다 (wc08_58) 중 %	43.4%	54.8%	71.1%	70.5%	70.1%	55.6%	54.9%
		전체 중 %	13.8%	24.0%	9.0%	5.5%	2.3%	0.4%	54.9%
	불평등사회	빈도 ④	754	827	153	96	41	12	1883
		② 소득, 재산의 평등정도 (wc08_3) 중 %	40.0%	43.9%	8.1%	5.1%	2.2%	0.6%	100.0%
		③ 나보다 돈을 많이 벌면서 세금을 적게 내는 사람이 많다 (wc08_58) 중 %	56.6%	45.2%	28.9%	29.5%	29.9%	44.4%	45.1%
		전체 중 %	18.0%	19.8%	3.7%	2.3%	1.0%	0.3%	45.1%
전체		빈도	1332	1828	529	325	137	27	4178
		소득, 재산의 평등정도 (wc08_3) 중 %	31.9%	43.8%	12.7%	7.8%	3.3%	0.6%	100.0%
		나보다 돈을 많이 벌면서 세금을 적게 내는 사람이 많다 (wc08_58) 중 %	100.0%	100.0%	100.0%	100.0%	100.0%	100.0%	100.0%
		전체 중 %	31.9%	43.8%	12.7%	7.8%	3.3%	0.6%	100.0%

① 빈도 : 평등, 불평등 사회인식과 평가소득에 따른 세금 저항에 관한 인식을 동시에 교차한 빈도수를 말합니다.

② 평등, 불평등 사회인식 인지 경로 : 754명/1883명×100%= 40%

③ 평가소득에 따른 세금 저항에 관한 인식의 % : 754명/1332명×100%= 56.6%

④ 전체 % : 754/4178명×100%= 18%

▌카이자승 검정값 앞에 거짓말은 못한다

카이자승 검정(Chi-Square Test)을 설명하기에 앞서 실제 빈도와 기대 빈도에 대해 먼저 알아보겠습니다.

실제 빈도

실제로 조사연구를 통해 측정한 빈도수를 말하며, 빈도표와 교차표에 있는 빈도수를 말합니다. 교차 분석표에서 평등, 불평등 사회인식 〈불평등사회〉 인식자와 평가소득에 따른 세금 저항에 관한 인식 〈매우 그렇다〉를 동시에 선택한 답변수가 754(18%)명이라면 이것을 실제 빈도라고 이야기합니다.

기대 빈도

어떤 특정 집단의 분포가 전체 인구집단의 분포와 동일한 것으로 간주하여 미리 알아본 특정 집단의 빈도수를 기대 빈도로 정의합니다. 가령 실제 빈도에서 조사한 평등, 불평등 사회인식 〈불평등사회〉 인식자와 평가소득에 따른 세금 저항에 관한 인식 〈매우 그렇다〉를 동시에 선택한 답변수가 754(18%)명이라면, 표본 인구를 10,000명이라고 가정한 상황에서 10,000명 × 18% = 1800명이 〈불평등사회〉 인식자와 평가소득에 따른 세금 저항에 관한 인식 〈매우 그렇다〉를 선택한 것으로 추측하는 것을 〈불평등사회〉 인식자 층의 기대 빈도라고 합니다.

카이자승 검정은 명목 데이터로 측정된 두 변수 간에 실제 빈도와 기대 빈도의 비교 분석을 통하여 두 변수 간의 상관관계의 존재 여부를 파악하는 데 사용하는 하나의 검정 통계값입니다. 계산 방법은 개별 실제 빈도에서 개별 기대 빈도를 뺀 값의 제곱을 해당 기대 빈도로 나누어 값을 구하고, 이 값을 모두 더하면 됩니다. 구체적인 계산 과정은 한글 SPSS에게 맡기고 여기서는 개념 정도만 이해하고 넘어갑시다.

▌자유도의 개념

카이자승 검정을 하는 데 필요한 것이 '자유도(Degree of Freedom)'입니다. 자유도가 얼마인지 알아야만 카이자승 분포표에서 카이자승값을 찾을 수 있습니다. 한글 SPSS에서 계산된 카이자승값과 카이자승 분포표의 카이자승값을 비교해 보아야 변수들이 서로 관계가 있는지 없는지 알 수 있으므로 자유도 없는 카이자승 검정은 앙꼬 없는 찐빵입니다.

자유도는 교차표의 크기를 표시해 주는 하나의 기준을 말합니다. 일반적으로 교차표의 크기가 크면 클수록 비교하고자 하는 변수값이 많아지고, 변수값이 많아지면 합산해야 할 항목과 카이자승값도 많아지므로 교차표의 크기를 조정해 주는 자동 제어장치가 필요한데 이러한 역할을 수행하는 것이 바로 '자유도'입니다. 여기에서는 기본 원리만 이해하고 넘어갑시다. 한글 SPSS가 알아서 교차표의 크기를 조정하여 자유도를 계산해 주니까요.

자유도 계산방법

자유도의 계산 공식은 $(N_1-1)\times(N_2-1)$입니다. 여기에서 N_1, N_2는 각각 두 변수 중의 어느 한 변수의 변수값을 말합니다. 예를 들어, 〈평가소득에 따른 세금 저항에 관한 인식〉을 〈평등, 불평등 사회인식자〉별로 조사한 교차 분석표에서 N_1은 〈평가소득에 따른 세금 저항에 관한 인식〉을 의미하므로 변수값은 7 (① 매우 그렇다, ② 그렇다, ③ 대체로 그렇다, ④ 보통이다, ⑤ 대체로 그렇지 않다, ⑥ 그렇지 않다, ⑦ 전혀 그렇지 않다)이고, N_2는 〈평등, 불평등 사회인식자〉 분류를 의미하므로 변수값은 3 (① 평등사회, ② 중간사회, ③ 불평등사회)입니다.

이들 숫자를 산수공식에 하나씩 대입하면 자유도는 다음과 같습니다.

자유도= (7−1)×(3−1)= 12

신뢰도와 유의수준은 이란성 쌍둥이 형제와 같습니다.

언론매체에서 조사연구 결과를 발표할 때, 이번 조사의 신뢰도는 몇 퍼센트라고 적어 놓은 것을 본 적이 있을 것입니다. 여기에서 말하는 신뢰도는 조사연구의 확신이나 예측의 신뢰 정도를 의미합니다.

그러나 교차분석에서 말하는 신뢰도는 두 변수 사이에 상관관계가 존재하는지에 대해서 통계학적으로 장담할 수 있는 수준을 말합니다. 그런데 신뢰도만은 한글 SPSS 통계 프로그램이 알아서 계산해 낼 수 없습니다. 왜냐하면 신뢰도는 일종의 가치판단에 해당하기 때문입니다. 제아무리 똑똑하고 유능한 한글 SPSS 통계 프로그램이지만 이 순간만은 조사 담당자의 명령에 복종해야 합니다.

신뢰도는 조사 담당자가 합리적으로 생각한 끝에 반드시 과학적으로 판단

내려야 합니다. 일반적으로 사회과학에서는 95%의 신뢰도를 사용합니다. 그러나 정확성을 요구하는 조사에는 99%의 신뢰도를 사용해야 하고, 정확성이 요구되지 않는 조사에는 90%까지의 신뢰도를 하향조정 할 수 있습니다. 다만 90% 미만인 신뢰도는 조사 연구의 가치가 없습니다.

신뢰도와 함께 따라 다니는 이란성 쌍둥이 동생이 하나 있습니다 바로 유의수준입니다. 유의 수준은 신뢰도와 반대되는 개념으로서 신뢰도가 95%면 유의수준은 5%입니다. 즉, 예측이 틀릴 확률이 5%라는 뜻입니다.

거짓말 탐지기 '카이자승값'

지금까지 카이자승, 자유도, 신뢰도, 유의 수준과 같은 비교적 어려운 통계학 개념을 설명했는데, 이것들은 교차분석의 가설검정에 반드시 필요한 개념입니다. 음식으로 치자면 기본 양념에 해당한다고나 할까요.

자! 그러면 이제 가설검정에 들어가 볼까요. 먼저 신뢰도를 95%(양쪽검정의 유의수준 0.05)로 설정합니다. 통계학에서 가설검정을 위해서 각종 분포표에 있는 확률의 값을 구할 때 평균값 0을 기준으로 해서 오른쪽이나 왼쪽으로 한쪽으로 가설검정의 통계값을 구할 때는 '일방검정'이라 하고, 양쪽으로 통계값을 구할 때는 '양방검정'이라고 이야기합니다. 자유도가 12인 경우 기준이 되는 카이자승 값을 부록에 카이자승 분포표에서 한번 찾아봅시다. 신뢰도를 95%(양쪽검정의 유의도 수준 0.05)와 자유도 12이 교차하는 지점의 값이 바로 기준이 되는 카이자승 값(21.03)입니다.

한쪽 검정의 유의도 수준						자유도(df)
.10	.05	.025	.01	.005	.0005	
양쪽 검정의 유의도 수준						
.20	.10	.05	.02	.01	.001	
1.64	2.71	↓	5.41	6.64	10.83	1
3.22	4.60	↓	7.82	9.21	13.82	2
4.64	6.25	↓	9.84	11.34	16.27	3
5.99	7.78	↓	11.67	13.28	18.46	4
15.81	18.55	21.03	← ← ← ← ← ← ←			12

한글 SPSS는 해당 변수의 카이자승값을 척척 알아서 계산해 줍니다. 만약 카이자승분포표에 있는 값보다, SPSS에서 계산한 카이자승값이 크면, 해당 신뢰도(95%) 수준에서 상관관계가 존재한다고 정의할 수 있습니다. 다시 강조한건대 SPSS에서 계산한 카이자승값이 크면 두 변수 간의 상관관계가 존재한다고 정의할 수 있습니다. 중요한 공식이므로 무조건 기억하고 넘어가세요.

가설검정이란?

가설검정은 귀무가설과 대립가설을 기각하거나 채택하는 절차를 말합니다. 가설검정은 양방검정과 일방검정이 있습니다. 양방검정은 귀무가설과 대립가설을 설정할 때 주로 사용하고, 일방검정은 모집단의 평균이 증감방향을 알고자 할 때 사용합니다. 가설검정방법은 연구 목적에 따라 조사 담당자가 자유롭게 선택해서 사용할 수 있습니다.

두 변수의 우정관계를 측정하는 감마

감마(Gamma)란 두 변수 사이의 상관관계가 강한지 약한지에 판단해 주는 가설검정값입니다. 한 변수의 변수값이 증가하면 다른 변수의 변수값도 증가하는 정(+)의 관계와 한 변수의 증가값이 증가하면 다른 변수의 변수값이 감소하는 부(−)의 관계가 있습니다.

감마값의 범위는 -1과 1 사이이며 절대값을 기준으로 해서 0에서 0.30 사이에 있으면 두 변수의 관계는 약한 것이고, 0.70 이상이면 강한 것이라고 해석합니다. 그리고 0.30과 0.70 사이에 있으면 두 변수의 관계는 보통이라고 해석하고, 감마값이 마이너스(−)인 경우에는 부(不)의 관계, 플러스(+)인 경우에는 정(正)의 관계라고 정의합니다.

감마값은 어떤 가설에 대한 검정 통계값이 아니라, 단순히 두 변수의 상관관계만 나타내는 통계값이므로 카이자승 검정을 한 후에 가설검정의 결과를 보충해 주는 데 사용하는 것이 바람직합니다.

두 변수의 우정관계를 다시 확인하는 꼼꼼한 람다

람다(Lambda)도 역시 감마와 함께 두 변수 관계의 강약을 측정하는 가설 검정 통계값의 하나입니다. 람다를 이해하기 위해서는 빈도수를 지칭하는 예측 실수라는 개념을 먼저 이해해야 합니다.

쉽게 설명해서 어느 ○○지역의 국회의원 선거 '투표 참가율 여론조사'에서 선거에 투표하겠다고 응답한 사람이 540명, 기권하겠다고 응답한 사람이 60명이라면 투표에 참가하지 않겠다고 응답한 60명이 예측 실수에 해당됩니다.

람다값의 범위는 0과 1 사이이며, 람다값이 0.3 이하이면 두 변수의 관계는 약하고, 0.70 이상이면 강하고, 0.30~0.70 사이에 있으면 보통의 관계라고 정의할 수 있습니다.

감마와 람다가 싸울 때 누구 편을 들어주어야 하나요?

감마와 람다의 분석결과가 아주 다르게 나타날 수도 있습니다. 이럴 때는 원래의 교차표로 돌아가 조사 담당자가 교차표를 신중하게 보고 판단해야 합니다. 교차표에 나오는 여러 변수들의 성격과 특징을 정확하게 분석한 후 판단을 내려야 합니다. 바로 이런 상황에서 분석의 노하우가 필요합니다. 그런데 지금 이 장을 읽고 있는 분은 '조사연구의 왕초보'인데 노하우가 어디에 있겠습니까?

그러나 걱정할 필요는 없습니다. 카이자승의 검정에 의해 두 변수의 상관관계가 확인된 이상, 감마와 람다값을 가지고 카이자승 검정의 결과를 역으로 증명할 필요가 없습니다. 감마와 람다는 두 변수의 상관관계 정도를 표시하는 분석이지, 상관관계의 유무를 설명해 주는 분석 방법은 아니니까요.

▌교차분석 따라 배우기

〈평가소득에 따른 세금 저항에 관한 인식〉이 〈평등, 불평등 사회 인식자〉별로 어떠한 통계적 특성의 차이가 나는지에 대해 알아봅시다.

문 14) 나보다 돈을 많이 벌면서 세금을 적게 내는 사람이 많다고 생각하십니까? □

① 매우 그렇다
② 그렇다
③ 대체로 그렇다
④ 보통이다
⑤ 대체로 그렇지 않다
⑥ 그렇지 않다
⑦ 전혀 그렇지 않다

▶ 한글 SPSS에서 〈wc08_58〉 변수를 선택하세요.

문3) 우리나라는 소득이나 재산에 있어서 얼마나 평등하다고 생각하십니까?
① 평등사회 ② 중간사회 ③ 불평등사회

한글 SPSS에서 〈wc08_3〉 변수를 선택하세요.

1. 먼저 예제 데이터 파일을 불러오세요. 그리고 한글 SPSS 데이터 편집기 창에서 **[분석(A)] →기술통계량(E) →교차분석(C)...**을 선택하세요.

SPSS [분석(A)] 메뉴

2. 열려진 교차분석 대화상자의 왼쪽 난에서 **⟨wc08_3⟩ 변수**를 클릭하여 행(O) 난으로 이동시킵니다. 그리고 다시 왼쪽 난에서 **⟨wc08_58⟩ 변수**를 클릭하여 열(C) 난으로 이동시킨 다음 ⟨정확(X)⟩ 단추를 클릭하세요.

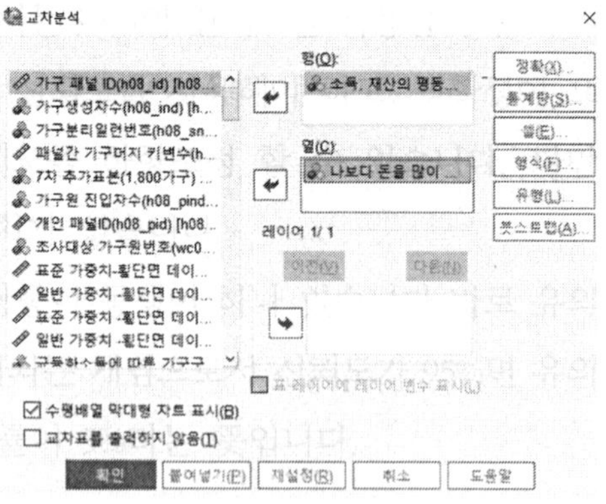

교차분석 대화상자

3. 그러면 정확검정 대화상자가 열립니다. 다음과 같이 옵션을 선택하고, ⟨계속⟩을 눌러주면 교차분석 대화상자가 다시 열립니다.

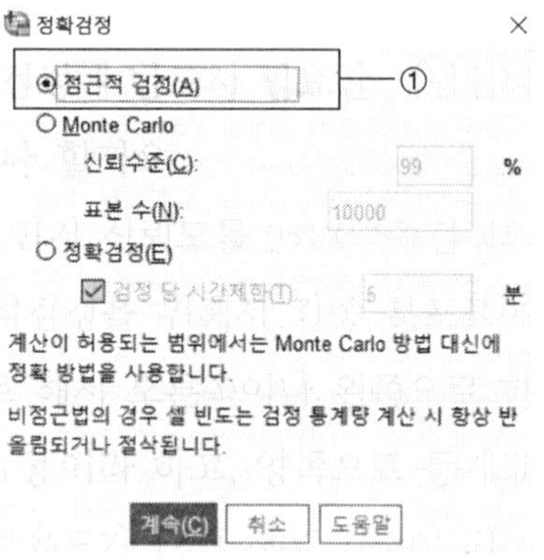

정화검정 대화상자 대화상자

① ◉ 점근적 검정(A) : 검정 통계량의 점근적 분포를 말하며 데이터가 많을 경우에 사용한다.

4. 교차분석 대화상자에서 〈통계량(S)...〉을 선택하면 교차분석 : 통계량 대화상자가 열립니다.

   다음과 같이 옵션을 선택하고, 〈계속〉을 눌러주면 교차분석 대화상자가 다시 열립니다.

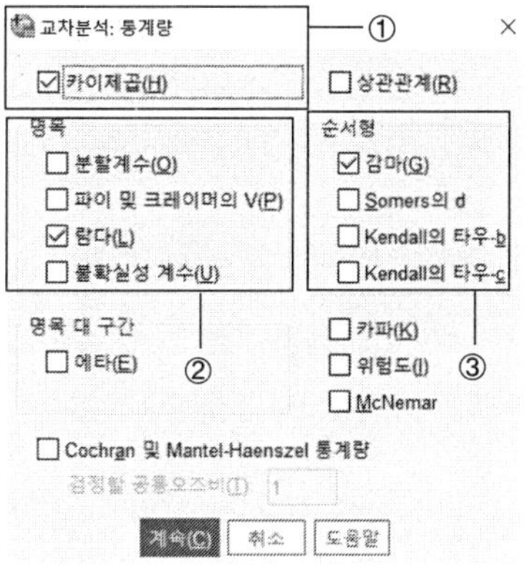

교차분석: 통계량 대화상자

① 카이제곱(H) : 변수의 범주에 따라 관측 빈도와 기대 빈도 간의 차이를 근거로 하여 카이자승의 통계값을 계산합니다. 즉, 〈평가소득에 따른 세금 저항에 관한 인식〉이 〈평등, 불평등 사회 인식자〉별로 어떠한 통계적 특성의 차이가 나는지를 카이자승값을 가지고 가설검정 합니다.

② 명목 : 변수가 명목 데이터인 경우만 사용합니다.

- 람다(L) : 〈평가소득에 따른 세금 저항에 관한 인식〉이 〈평등, 불평등 사회 인식자〉별로 어떤 상관관계의 강약 정도를 나타나는가를 평가합니다.

③ 순서형 : 변수가 순위데이터인 경우에 사용합니다.

- 감마(G) : 카이자승 검정 후 상관관계의 강약 정도를 보충적으로 평가합니다.

5. 교차분석 대화상자에서 〈셀(E)...〉을 선택하면 교차분석 : 셀 표시 대화상자가 열립니다.

   다음과 같이 옵션을 선택하고, 〈계속〉을 눌러주면 교차분석 대화상자가 다시 열립니다.

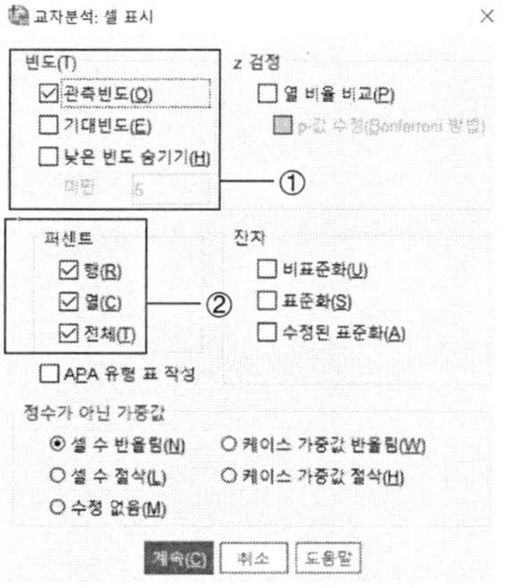

교차분석: 셀 표시 대화상자

① 빈도 : 빈도수의 표시 형식을 지정합니다.
- 관측빈도(O) : 실제 관측된 사례의 빈도수(기본 설정)

② 퍼센트 : 백분율의 표시 형식을 지정합니다.
- 행(R) : 각 셀의 행의 합에 대한 백분율
- 열(C) : 각 셀의 열의 합에 대한 백분율
- 전체(T) : 각 셀의 총합에 대한 백분율

6. 교차분석 대화상자에서 〈형식(F)...〉을 선택하면 교차분석 : 표 형식 대화상자가 열립니다. 다음과 같이 옵션을 선택하고, 〈계속〉을 클릭하면 교차분석 대화상자가 다시 나올 것입니다. 〈유형(L)...〉과 〈붓스트랩(B)...〉을 선택하지 않아도 됩니다. 마지막으로 〈확인〉 단추를 눌러주세요. 그럼 출력결과 [문서]창에 교차분석의 결과가 나타날 것입니다.

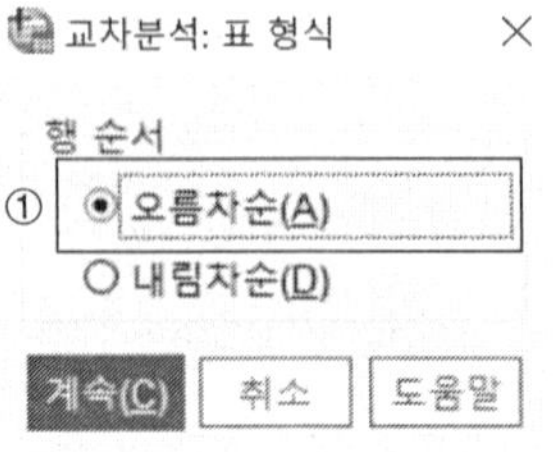

교차분석: 표 형식 대화상자

① 행의 순서 : 변수값의 표시 방법을 지정합니다.
- 오름차순(A): 변수값을 오름차순으로 표시

▌교차분석 결과 빠르게 해석하기

1. 조사 사례수 처리 요약문 이해하기

케이스 처리 요약

	케이스					
	유효		결측		전체	
	N	퍼센트	N	퍼센트	N	퍼센트
소득, 재산의 평등정도(wc08_3) * 나보다 돈을 많이 벌면서 세금을 적게 내는 사람이 많다(wc08_58)	4178 ①	88.5%	542 ②	11.5%	4720 ③	100.0%

① 유효 : 유효 사례수를 의미하며, N(빈도)은 4178명, 퍼센트(백분율) 96.9%입니다.

② 결측 : 무응답치로 처리된 수를 뜻하며 N은 542명, 퍼센트(백분율) 11.5%로 나타났습니다.

2. 카이자승으로 가설검정하기

카이제곱 검정

	값	자유도	근사 유의확률 (양측검정)
Pearson 카이제곱	171.706[a]	5	<.001
우도비	175.334	5	<.001
선형 대 선형결합	136.779	1	<.001
유효 케이스 수	4178		

a. 0 셀 (0.0%)은(는) 5보다 작은 기대 빈도를 가지는 셀입니다. 최소 기대빈도는 12.17입니다.

교차분석: 통계량 대화상자를 선택한 결과입니다

한글 SPSS 통계 프로그램으로 계산된 카이자승값은 171.706이고 자유도(df)는 12입니다. 이 값을 카이자승 분포표에 나오는 값과 비교합니다. 신뢰도 수준을 95%(유의 수준 0.05, 양방검정)로 했을 때 자유도 12인 카이자승값을 카이자승 분포표에서 한 번 찾아봅시다.

카이자승 분포표에 나타나는 기준이 되는 카이자승값은 21.03(부록의 카이자승 분포표 참조)입니다. 따라서 계산된 카이자승값(171.706)이 기준이 된 카이자승값(21.03)보다 크기 때문에 통계적으로 유의미한 상관관계를 가지고 있다고 할 수 있습니다.

즉, 〈평가소득에 따른 세금 저항에 관한 인식〉이 〈평등, 불평등 사회 인식자〉별로 통계적 특성의 차이가 나는 것으로 해석할 수 있습니다.

〈부록〉에 있는 카이자승 분포표를 찾아보지 않아도 카이자승 검정을 간단하게 할 수 있는 방법이 있습니다. 위의 분석결과에서 점근 유의확률(양쪽 검정)를 유심히 한 번 살펴보십시오. 만약 유의수준을 0.05%로 설정하여 가설 검정을 했다면, **점근 유의확률의 수치가 0.05%보다 작으면 통계학적으로 의미가 있다고 해석할 수 있습니다. 여기에서 유의 수준 0.001은 0.05보다 작기 때문에(P=0.001 > 0.05) 통계적으로 의미를 가질 수 있다고 해석합니다.**

3. 람다값으로 상관관계의 강약 관계를 파악하기

람다값(Lambda)의 범위는 0에서 1 사이이며, 람다값(Lambda)이 0~0.30은 약한 관계, 0.30~0.70은 보통 관계, 0.70 이상일 때는 강한 관계라고 해석합니다.

방향성 측도

			값	근사 표준오차[a]	근사 T 값[b]	근사 유의확률
명목척도 대 명목척도	람다	대칭적	.042	.008	4.836	<.001
		소득, 재산의 평등정도 (wc08_3) 종속	.093	.018	4.836	<.001
		나보다 돈을 많이 벌면서 세금을 적게 내는 사람이 많다 (wc08_58) 종속	.000	.000	.[c]	.[c]
	Goodman과 Kruskal 타우	소득, 재산의 평등정도 (wc08_3) 종속	.041	.006		<.001[d]
		나보다 돈을 많이 벌면서 세금을 적게 내는 사람이 많다 (wc08_58) 종속	.011	.002		<.001[d]

a. 영가설을 가정하지 않음.
b. 영가설을 가정하는 점근 표준오차 사용
c. 점근 표준오차가 0이므로 계산할 수 없습니다.
d. 카이제곱 근사값을 기준으로

교차분석 : 통계량 대화상자를 선택한 결과입니다

행을 종속변수로 정할 것인가, 열을 종속변수로 정할 것인가에 따라 두 개의 람다값(Lambda) 0.093과 0.000가 나와 있고, 전체적으로는 0.042의 값이 나타나 있습니다.

위의 결과를 토대로 상관관계를 분석해 보면 〈평가소득에 따른 세금 저항에 관한 인식〉이 〈평등, 불평등 사회 인식자〉별로 약한 상관관계를 형성하고 있다고 해석할 수 있습니다. 다만 람다값 해석은 카이자승의 가설검정을 통과해야만 해석이 가능합니다.

4. 감마값으로 상관관계의 강약 관계를 파악하기

감마값(Gamma)의 범위는 -1에서 1 사이이고, 감마값(Gamma)은 절대값을 기준으로 해서 0.30 이하는 약한 관계, 0.30~0.70은 보통 관계, 0.70 이상일 때는 강한 관계라고 해석합니다.

대칭적 측도

	값	근사 표준오차[a]	근사 T 값[b]	근사 유의확률
순서척도 대 순서척도 감마	-.311	.023	-13.142	<.001
유효 케이스 수	4178			

a. 영가설을 가정하지 않음.

b. 영가설을 가정하는 점근 표준오차 사용

위의 분석결과에서 감마값(Gamma)은 -0.311입니다. 보통 상관관계를 형성하고 있습니다.

5. 교차 분석표로 분석결과 해석하기

소득, 재산의 평등정도(wc08_3) * 나보다 돈을 많이 벌면서 세금을 적게 내는 사람이 많다(wc08_58) 교차표

			매우 그렇다	그렇다	대체로 그렇다	보통이다	대체로 그렇지 않다	그렇지 않다	전체
소득, 재산의 평등정도 (wc08_3)	평등사회	빈도	578	1001	376	229	96	15	2295
		소득, 재산의 평등정도 (wc08_3) 중 %	25.2%	43.6%	16.4%	10.0%	4.2%	0.7%	100.0%
		나보다 돈을 많이 벌면서 세금을 적게 내는 사람이 많다 (wc08_58) 중 %	43.4%	54.8%	71.1%	70.5%	70.1%	55.6%	54.9%
		전체 중 %	13.8%	24.0%	9.0%	5.5%	2.3%	0.4%	54.9%
	불평등사회	빈도	754	827	153	96	41	12	1883
		소득, 재산의 평등정도 (wc08_3) 중 %	40.0%	43.9%	8.1%	5.1%	2.2%	0.6%	100.0%
	①, ②, ③	나보다 돈을 많이 벌면서 세금을 적게 내는 사람이 많다 (wc08_58) 중 %	56.6%	45.2%	28.9%	29.5%	29.9%	44.4%	45.1%
		전체 중 %	18.0%	19.8%	3.7%	2.3%	1.0%	0.3%	45.1%
전체		빈도	1332	1828	529	325	137	27	4178
		소득, 재산의 평등정도 (wc08_3) 중 %	31.9%	43.8%	12.7%	7.8%	3.3%	0.6%	100.0%
		나보다 돈을 많이 벌면서 세금을 적게 내는 사람이 많다 (wc08_58) 중 %	100.0%	100.0%	100.0%	100.0%	100.0%	100.0%	100.0%
		전체 중 %	31.9%	43.8%	12.7%	7.8%	3.3%	0.6%	100.0%

〈불평등사회〉 인식자 중에서 "부자들이 세금을 적게 내는 사람이 많다"라는 질문에 〈매우 그렇다〉라고 선택한 부분만 살펴봅시다. 전체 응답자 4178명 중 〈매우 그렇다〉를 선택한 사람은 1332명이고 〈불평등 사회 인식자〉에서는 〈매우 그렇다〉를 선택한 사람은 754명(18%)입니다.

① 평등, 불평등 사회인식 인지 경로 : 754명/1883명×100%= 40%

② 평가소득에 따른 세금 저항에 관한 인식의 % : 754명/1332명×100%= 56.6%

③ 전체 % : 754/4178명×100%= 18%

03-5 평균 비교 분석

평균 비교 분석은 일정한 유의수준에서 평균값의 차이 유무를 T값으로 판단하는 통계분석 검정 방법입니다. 즉, '평균값에 차이가 없다'라는 귀무가설과 '평균값에 차이가 있다'라는 대립가설 중에 하나를 선택하는 통계분석 방법입니다.

평균 비교 분석은 단일표본과 두 표본문제로 구별할 수 있습니다. 단일표본은 하나의 모집단에서 추출된 하나의 표본에 대해서 T값으로 평균을 검정하는 것이고, 두 표본의 평균 비교 분석은 두 평균의 차이를 T값으로 검정하는 것입니다. 두 표본의 평균 비교 분석 방법은 독립적인 두 모집단에서 표본을 추출하는 경우와 동일한 모집단에서 두 표본을 추출하는 경우가 있습니다. 단일표본보다는 두 표본의 평균비교 분석이 일반적으로 가장 많이 사용됩니다.

독립표본 T 검증 분석 따라 배우기

〈한국 정치상황에 대한 만족도〉가 〈평등, 불평등 사회 인식자〉별로 어떠한 통계적 특성의 차이가 나는지에 대해 알아봅시다.

문 20) 귀하는 한국의 정치상황에 대해 어느 정도 만족 또는 불만족하십니까? □

① 매우 만족 ④ 다소 불만족
② 다소 만족 ⑤ 매우 불만족
③ 만족도 불만족도 아니다 ⑥ 선택할 수 없음

▶ 한글 SPSS에서 〈wc08_5aq5〉 변수를 선택하세요.

문3) 우리나라는 소득이나 재산에 있어서 얼마나 평등하다고 생각하십니까? ① 평등사회 ② 중간사회 ③ 불평등사회

한글 SPSS에서 〈wc08_3〉 변수를 선택하세요.

1. 한글 SPSS 데이터 편집기 창에서 **'Koweps_wc08_2013_beta10.sav'** 파일을 불러오세요.

   그리고 **[분석(A)] → 평균 및 비율 비교 → 독립표본 T검정 ...**을 선택하세요.

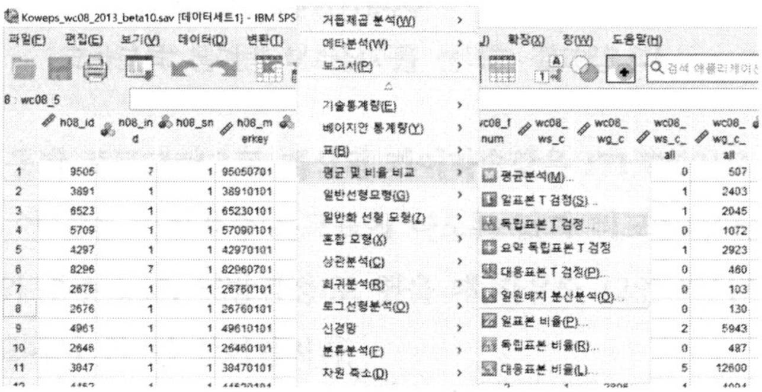

SPSS의 분석(A) 메뉴

2. 독립표본 T 검정 대화상자가 열립니다. 먼저 **〈wc08_5aq5〉 변수**를 클릭하여 검정변수(T) 난으로 이동시킵니다.

   그리고 집단변수(G) 난에 **〈wc08_3〉 변수**를 선택하고, 집단 정의(D) 단추를 클릭하세요.

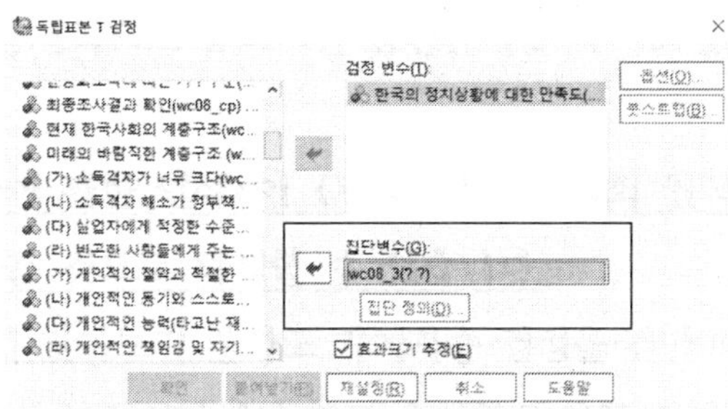

집단 정의(D) 단추를 눌러주세요

3. 집단 정의 대화상자가 열릴 것입니다. 성별을 정의한 값을 다음과 같이 입력하고 〈계속〉을 눌러줍니다.

   그러면 독립표본 T 검정 대화상자가 다시 열립니다.

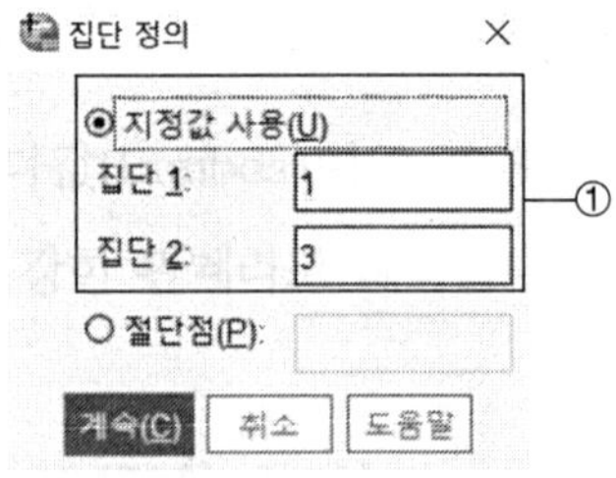

평등사회 인식자는 〈집단1: 1〉로, 불평등사회 인식자는 〈집단2: 3〉으로 입력하세요

① ◉ 지정값 사용(U) : 사용자 기본 설정으로 집단변수 집단 1과 집단 2 값을 입력합니다.

4. 옵션을 선택하면 독립표본 T 검정 : 옵션 대화상자가 열립니다. 다음과 같이 옵션을 선택하고 〈계속〉을 눌러주면 독립표본 T 검정 대화상자가 다시 열립니다. 여기에서 〈확인〉 단추를 눌러주면 출력결과 [문서]창에 독립표본 T 검정 분석 결과가 나타납니다.

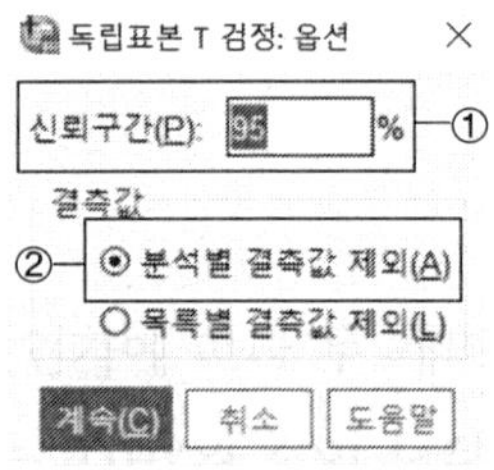

독립표본 T 검증: 옵션 대화상자

① 신뢰구간(C): 95% : 95%의 신뢰구간으로 설정되어 있습니다. 조사 담당자의 판단에 따라 신뢰구간을 조정할 수 있습니다.
② 결측값 : 결측값의 계산 형식을 지정합니다.
   • 분석별 결측값 제외(A) : 해당 검정과 관련된 결측값 케이스만 제외시킵니다.

▌독립표본 T 검증 분석 결과 빠르게 해석하기

1. 집단 통계량 이해하기

집단통계량

	소득, 재산의 평등정도(wc08_3)	N	평균	표준편차	평균의 표준오차
한국의 정치상황에 대한 만족도(wc08_5aq5)	평등사회	2298	3.70	.937	.020
	불평등사회	1886	3.97	.959	.022

독립표본 T 검증: 옵션 대화상자에서 선택한 결과입니다

평등사회 인식자와 불평등 사회 인식자의 집단 통계량이 빈도수(N), 평균, 표준편차, 평균의 표준오차 등의 순서로 나타났습니다. 평등사회 인식자와 불평등 사회 인식자의 평균값이 조금씩 차이를 나타내고 있습니다.

2. 독립표본 T 검증값 알아보기

독립표본 검정

		Levene의 등분산 검정		평균의 동일성에 대한 T 검정							
						유의확률				차이의 95% 신뢰구간	
		F	유의확률	t	자유도	단측 확률	양측 확률	평균차이	표준오차 차이	하한	상한
한국의 정치상황에 대한 만족도(wc08_5aq5)	등분산을 가정함	8.158	.004	-9.197	4182	<.001	<.001	-.271	.029	-.328	-.213
	등분산을 가정하지 않음			-9.176	3986.300	<.001	<.001	-.271	.029	-.328	-.213

독립표본 T 검증: 옵션 대화상자에서 선택한 결과입니다

독립표본 T 검정을 위해서 두 집단의 분산이 동일한지를 먼저 파악해야 합니다. levene 등분산 검정값을 살펴보면 F값 8.158 유의확률 0.004입니다.

유의확률이 0.05(P=0.004>0.05)보다 작기 때문에 두 집단의 분산이 동일하다는 가정에서 T검증을 실시합니다.

제시된 통계량에서 평등사회 인식자와 불평등 사회 인식자의 평균값 차이는 -0.271입니다. 이를 유의확률을 살펴보면 0.001는 0.05(P=0.892>0.05)보다 작기 때문에 통계적으로 유의미한 차이가 난다고 해석할 수 있습니다.

▌표본오차 구하기

조사연구에서 신뢰수준(90%, 95%, 99%)과 표본의 크기에 따라 표본오차가 다를 수 있습니다. 다음 공식을 이용하여 표본오차를 구해봅시다.

$$\mathrm{SEP} = \pm 2\sqrt{\frac{P(1-P)}{n}}$$

SEP = 표준오차
2 = 95% 신뢰수준에서의 근사치 표준점수
P = 모집단에서 표본의 비율이 틀릴 확률, 95% 신뢰수준에선 P=0.5%로 설정
n = 표본의 크기

예 : 직장 업무 만족도를 파악하기 위해서 표본 크기 600개, 신뢰 수준 95%에서 조사연구를 진행한다면 표본오차는 몇 %일까요?

$$\mathrm{SEP} = \pm 2\sqrt{\frac{0.5\times(0.5)}{600}} = \pm 0.041 = \pm 4.1\%\text{(백분율환산)}$$

결론적으로 표본의 크기가 600명이면 표본오차가 -4.1%에서 +4.1%까지의 범위에서 발생하며, 이러한 결과는 95% 수준에서 믿을 수 있다는 의미입니다. 정확성을 엄밀히 요구하지 않은 조사연구일 경우에는 표본오차가 5% 정도 이내면 조사결과는 신뢰할 수 있습니다.

[부록]

각종 통계표

1. 카이자승(X^2) 분포표

한쪽 검정의 유의도 수준						자유도(df)
.10	.05	.025	.01	.005	.0005	
양쪽 검정의 유의도 수준						
.20	.10	.05	.02	.01	.001	
1.64	2.71	3.84	5.41	6.64	10.83	1
3.22	4.60	5.99	7.82	9.21	13.82	2
4.64	6.25	7.82	9.84	11.34	16.27	3
5.99	7.78	9.49	11.67	13.28	18.46	4
7.29	9.24	11.07	13.39	15.09	20.52	5
8.56	10.64	12.59	15.03	16.81	22.46	6
9.80	12.02	14.07	16.62	18.48	24.32	7
11.03	13.36	15.51	18.17	20.09	26.12	8
12.24	14.68	16.92	19.68	21.67	27.88	9
13.44	15.99	18.31	21.16	23.21	29.59	10
14.63	17.28	19.68	22.62	24.72	31.26	11
15.81	18.55	21.03	24.05	26.22	32.91	12
16.98	19.81	22.36	25.47	27.69	34.53	13
18.15	21.06	23.68	26.87	29.14	36.12	14
19.31	22.31	25.00	28.26	30.58	37.70	15
20.46	23.54	26.30	29.63	32.00	39.29	16
21.62	24.77	27.59	31.00	33.41	40.75	17
22.76	25.99	28.87	32.35	34.80	42.31	18
23.90	27.20	30.14	33.69	36.19	43.82	19
25.04	28.41	31.41	35.02	37.57	45.32	20
26.17	29.62	32.67	36.34	38.93	46.80	21
27.30	30.81	33.92	37.66	40.29	48.27	22
28.43	32.01	35.17	38.97	41.64	49.73	23
29.55	33.20	36.42	40.27	42.98	51.18	24
30.68	34.38	37.65	41.57	44.31	52.62	25
31.80	35.56	38.88	42.86	45.64	54.05	26
32.91	36.74	40.11	44.14	46.96	55.48	27
34.03	37.92	41.34	45.42	48.28	56.89	28
35.14	39.09	42.69	46.69	49.59	58.30	29
36.25	40.26	43.77	47.96	50.89	59.70	30

2. T-분포표

자유도(df)	한쪽 검정의 유의도 수준					
	.10	.05	.025	.01	.005	.0005
	양쪽 검정의 유의도 수준					
	.20	.10	.05	.02	.01	.001
1	3,078	6,314	12,706	31,821	63,657	636,619
2	1,886	2,920	4,303	6,965	9,925	31,598
3	1,638	2,353	3,182	4,541	5,841	12,941
4	1,533	2,132	2,776	3,747	4,604	8,610
5	1,476	2,015	2,571	3,365	4,032	6,859
6	1440	1,943	2,447	3,143	3,707	5,959
7	1,415	1,895	2,365	2,998	3,499	5,405
8	1,397	1,860	2,306	2,896	3,355	5,041
9	1,383	1,833	2,262	2,821	3,250	4,781
10	1,372	1,812	2,228	2,764	3,169	4,587
11	1,363	1,796	2,201	2,718	3,106	4,437
12	1,356	1,782	2,179	2,681	3,055	4,318
13	1,350	1,771	2,160	2,650	3,012	4,221
14	1,345	1,761	2,145	2,642	2,977	4,140
15	1,341	1,753	2,131	2,602	2,947	4,073
16	1,337	1,746	2,120	2,583	2,921	4,015
17	1,333	1,740	2,110	2,567	2,898	3,965
18	1,330	1,734	2,101	2,552	2,878	3,922
19	1,328	1,729	2,093	2,539	2,861	3,883
20	1,325	1,725	2,086	2,528	2,845	3,850
21	1,323	1,721	2,080	2,518	2,831	3,819
22	1,321	1,717	2,074	2,508	2,819	3,792
23	1,319	1,714	2,069	2,500	2,807	3,767
24	1,318	1,711	2,064	2,492	2,797	3,745
25	1,316	1,708	2,060	2,485	2,787	3,725
26	1,315	1,706	2,056	2,479	2,779	3,707
27	1,314	1,703	2,052	2,473	2,771	3,690
28	1,313	1,701	2,048	2,467	2,763	3,674
29	1,311	1,699	2,045	2,462	2,756	3,659
30	1,310	1,697	2,042	2,457	2,750	3,646
40	1,303	1,684	2,021	2,423	2,704	3,551
60	1,296	1,671	2,000	2,390	2,660	3,460
120	1,289	1,658	1,980	2,358	2,617	3,373
∞	1,281	1,645	1,960	2,326	2,576	3,291

저/자/소/개

■ **백창환**
대구대학교 사회복지대학원 사회복지학석사
대구대학교 대학원 사회복지박사과정 수료
현 수성대학교 사회복지과 교수

[저서]
지역사회복지론, 사회복지조사론, 여론조사 핸드북

[논문]
사회복지직 공무원의 직무스트레스, 외상후스트레스가 우울에 미치는 영향 외 다수

SPSS를 활용한 초급 통계분석

|저자| 백창환

|1판 1쇄| 발행 2022년 12월 30일

|발행인| 김동훈
|발행처| 공동체

|주소| 경기도 고양시 일산동구 호수로 358-39, 동문타워 1차 905호(백석동)
|전화| 031)814-3000(대표)
|팩스| 031)814-3100
|홈페이지| http://www.compub.co.kr
|전자우편| compub@naver.com
|출판등록| 2005년 10월 6일
|등록번호| 제396-2005-36호

|ISBN| 979-11-6725-124-4
정가 14,000원

저자와 협의하여 인지를 생략합니다.
무단전재와 복제를 금합니다.